沈没する戦艦「アリゾナ」。真珠湾の米艦隊のなかでも、火薬庫で800キロ爆弾が爆発した「アリゾナ」の被害がもっとも大きく、艦長以下1000名以上の乗組員が死亡した。遺体が回収されたのは75名にすぎず、現在も「アリゾナ」艦体とともに真珠湾の泊地に眠っている。

真実の太平洋戦争史

真実の太平洋戦争史【目次】

第1章 暁の奇襲攻撃――連合艦隊が決行した米太平洋艦隊撃滅作戦

第2章 南方攻略作戦――南方資源地帯の西欧勢力駆逐をめざして

目次

写真協力&出典一覧

・アメリカ国防総省、・アリゾナ記念館、・オーストラリア戦争博物館、・GHQ写真班、・大本営海軍報道部、・大本営陸軍報道部、・山本元帥景仰会、・『写真週報』（内閣情報局）、・『躍進之日本』（東洋文化協会）、・『歴史写真』（歴史写真会）、・『国際写真情報』（国際情報社）、・同盟通信社。

第1章 暁の奇襲攻撃

連合艦隊が決行した米太平洋艦隊撃滅作戦

ハワイ作戦 ① 山本五十六大将が計画した真珠湾攻撃

水深12メートルの真珠湾を攻略せよ

山本司令長官が発案したハワイ真珠湾奇襲攻撃

昭和十四年（一九三九）九月一日、ヒトラーのナチス・ドイツがポーランドに侵攻し、ヨーロッパで第二次世界大戦が始まった。ドイツの快進撃に押され、守勢に回ったイギリスはアメリカに救援を求めた。しかし、アメリカの世論はヨーロッパの戦争に巻き込まれたくないと考える孤立主義が優勢であり、フランクリン・D・ルーズベルト米大統領はヨーロッパ戦線への参戦を見合わせていた。

その一方で、ルーズベルトは日本がヨーロッパの混乱に乗じて、地下資源を求めて南方に進出するのではないかと危惧し、一九四〇年五月、それまでカリフォルニア州サンディエゴを根拠地にしていた米太平洋艦隊主力を、ハワイ諸島オアフ島の真珠湾に進めるように命じた。

山本五十六大将

1941年8月、カナダのニューファンドランド沖のオーガスタ号上で会談するルーズベルトとチャーチル。この大西洋会談でのちに大西洋憲章と呼ばれる「英米共同宣言」が発表された。両者は1945年までに、合計10回の会談を行っている。

このときの日本海軍の連合艦隊司令長官が、真珠湾攻撃を計画し、執念で実行に移した山本五十六中将（同年十一月に大将昇進）だった。

山本はもともと砲術学校の教官を務めるなど、砲術を専門とする海軍将校だった。しかし、海軍内に航空軍備についての関心が高まりつつあった大正十三年（一九二四）、山本は自ら希望して霞ヶ浦航空隊副長兼教頭に就き、航空の分野に進んだ。その後、海軍航空本部技術部長、本部長と歴任し、海軍航空の発展に著しい功績を挙げた山本は、「海軍航空育ての親」と呼ばれるほどになっていた。

軍令部の反対を押しきった米艦隊撃滅の真珠湾攻撃案

昭和十五年（一九四〇）九月、日本軍が北部

仏印に進駐し、続けて日独伊三国同盟が結ばれた。この段階では日本政府も陸海軍も、アメリカとの開戦を本気で考えてはいなかった。しかし前海相の米内光政大将や山本ら、ほんの一部の軍人だけだったが、このままでは必ずアメリカと戦争になると強い危機感を持った。

そこで山本は、昭和十六年一月七日付で、海軍大臣及川古志郎大将に長文の手紙を書き送った。内容は、かねて山本が着想していたハワイ真珠湾の米太平洋艦隊を奇襲する作戦案だった。

山本はかつてワシントンの日本大使館付武官を務め、テキサスの油田やデトロイトの自動車工場などを視察した経験を持っている。そのアメリカの豊かな資源と巨大な工業力を目の当たりにし、アメリカとの戦争になった場合、日本に勝算はないと考えていた。

山本が米内大将らとともに日独伊三国同盟締結絶対反対の態度をとっていたのも、ヒトラーと手を結べば必ずアメリカと戦争になり、日本は滅びると考えていたからだった。当然、日米開戦には反対だった。

海軍次官から連合艦隊司令長官に転出していた山本は、昭和十五年九月、東京・荻窪の近衛文麿首相の私邸に招かれた。そこで山本は、近衛から日米開戦になった場合の見通しを訊かれた。山本はこんなふうに応えた。

「それは是非やれといわれれば、初めの半年か一年の間はずいぶん暴れてごらんにいれる。

発艦準備を整える空母「瑞鶴」艦上の攻撃隊。日本の機動部隊が真珠湾で成果を挙げたことは、米側に空母中心の「航空主兵」という新戦術を採用させることになった。

しかしながら二年、三年となればまったく確信は持てぬ。三国条約ができたのは致し方ないが、かくなりし上は日米戦争を回避するよう極力ご努力願いたい」

連合艦隊司令長官という現場の最高責任者の任にある山本としては、対米戦争に反対ではあるが、万が一にも開戦となった場合には、もっとも日本に有利な形で戦いに突入する責任がある。そのための準備は一時も早く取りかからなければならない。それが真珠湾奇襲構想だった。

周囲から猛反対をされる山本の真珠湾攻撃案

及川海相に手紙を書いて間もなく、山本は航空作戦の第一人者である大西瀧治郎少将にハワイ空襲の研究を命じた。大西は、海軍航空の生え抜きで個人的にも親しい源田実中佐に相談し、素案を練らせた。そして大西は源田の案に手を加え、四月初め、山本に作戦案を手渡した。

山本は大西・源田案をもとに正式な連合艦隊作戦計画案を海軍軍令部に提出した。空母が長駆六〇〇〇キロを航海し、航空機により真珠湾の敵艦隊を奇襲するという史上類を見ない〝奇策〟である。しかし、海軍作戦の決定権を持っている軍令部は、猛反対してきた。その理由は次のようだった。

①大艦隊による長距離航海は、企図の秘匿が難しい。
②攻撃決行時にアメリカ艦隊が湾内に在泊していない可能性がある。
③艦隊の燃料補給が不安。
④水深が一二メートルと浅い真珠湾は、魚雷攻撃が難しい。
⑤南方の資源地帯の占領が最優先であり、ハワイ作戦に空母を割けない。

などである。

だが山本は、開戦劈頭にハワイ奇襲で敵艦隊主力に大打撃を与え、米海軍と国民の士気を削ぐことが必要だとして、ハワイ作戦を強く訴えた。また、ハワイに敵艦がいては、日本本土は横腹を敵にさらけ出す格好となり、南方作戦を行うにしても不安であるとして譲らなかった。

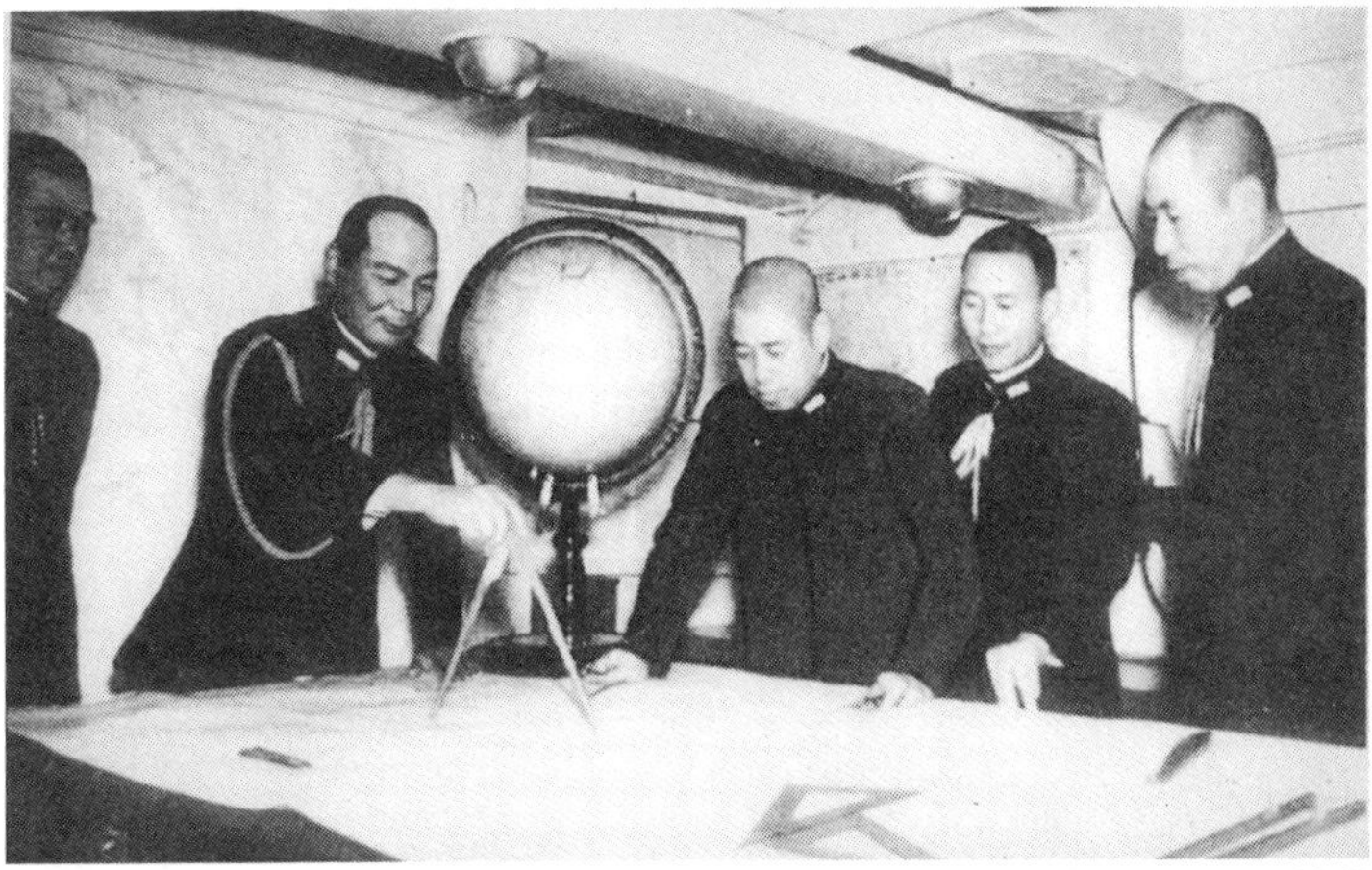

連合艦隊旗艦で作戦を検討する山本長官（中央）と幕僚。左でコンパスを手にしているのが宇垣纒参謀長、右端が渡辺安次参謀。海軍軍令部をはじめ連合艦隊司令部でも、真珠湾攻撃には懐疑的な意見が多かった。

その一方で、軍令部の反対理由にもある燃料補給や浅海面での雷撃方法の研究・改善も怠らなかった。洋上での燃料補給は補給艦が空母を引くのではなく、空母が補給艦を曳航する形をとることで解決できた。雷撃は、真珠湾と地形の似た鹿児島の錦江湾での猛訓練と浅海面魚雷の開発で飛躍的に命中率を高めた。

だが、昭和十六年九月に海軍大学校で行われたハワイ作戦の図上演習では、日本の空母全滅という結果がでた。軍令部だけではなく、作戦を担当する第一航空艦隊司令部（司令長官・南雲忠一中将）や、作戦を最初に打診された大西少将にも反対されるというありさまだった。

それでも山本の決意は変わらず、作戦が採用されなければ、連合艦隊司令長官の職を辞すとの信念で、軍令部と交渉を続けた。軍令部総長

の永野修身大将は、

「山本長官がそれほどまでに自信があるというのならば、総長として責任をもってご希望どおり実行するよういたします」

と折れ、十六年十月十九日、ついに日本の全主力空母六隻によるハワイ作戦が承認されたのである。

日米海軍戦力比較表

日本海軍	
戦艦	10 隻
大型空母	6 隻
重巡洋艦	10 隻
軽巡洋艦	21 隻
駆逐艦	108 隻
潜水艦	62 隻
アメリカ海軍	
戦艦	15 隻
大型空母	5 隻
重巡洋艦	18 隻
軽巡洋艦	19 隻
駆逐艦	148 隻
潜水艦	99 隻

軍令部総長・永野修身大将。永野は積極的な開戦派ではなかったが、「死中に活を求める」として早期開戦を主張した。

ハワイ作戦② 奇襲攻撃成功！ 壊滅した米太平洋艦隊主力

死者・行方不明者2402名にのぼった米軍

編成された世界初の空母主体の機動部隊

ハワイの米太平洋艦隊を攻撃する真珠湾奇襲作戦は、南雲《なぐも》忠一《ちゅういち》中将を指揮官とする第一航空艦隊（通称「南雲機動部隊」）の双肩にかかった。「赤城」「加賀」「蒼龍」「飛龍」「翔鶴」「瑞鶴」という、時の日本海軍が保有する正規空母六隻すべてを動員し、これに戦艦二隻（「比叡」「霧島」）、重巡洋艦二隻（「利根」「筑摩」）、軽巡洋艦一隻、駆逐艦九隻が護衛として加わり、さらに潜水艦三隻、燃料補給のタンカー七隻も加わる大空母機動部隊である。

機動部隊の各戦隊は、それぞれが所属していた各軍港から、作戦の秘匿のため人目につかないようバラバラに出

旗艦「赤城」から見る航行中の南雲機動部隊。左から空母「加賀」、第３戦隊の戦艦「比叡」「霧島」。

第１航空艦隊司令長官・南雲忠一中将。南雲は択捉島を出撃後も、何度も攻撃の不安を口にした。

第１航空艦隊参謀長・草鹿龍之介少将。山本の真珠湾にかける信念を知り、草鹿は真珠湾攻撃実現に向け全力を傾けた。

航し、択捉島《えとろふとう》の単冠湾《ひとかつぷわん》に集結した。各母艦の飛行機隊が訓練していた内地の飛行基地には、作戦を偽装するために練習航空隊が入れ替わり、母艦の呼びだし符号を使って通信するなどして、まだ機動部隊が本土にいるように見せかけた。

昭和十六年（一九四一）十一月二十六日、機動部隊はハワイへ向け、単冠湾をいっせいに出撃した。この時点では、まだ日米交渉が継続中であり、日米開戦は決定していない。交渉がまとまった場合、機動部隊は引き返すことになっていた。南雲中将は「いったん出撃したら引き返すことなどできない」と渋ったが、日米戦回避を願う山本五十六大将は、きっぱりと言った。

「引き返せないというなら、いますぐ辞表をだせ」

南雲に二の句は継げなかった。

機動部隊は洋上での外国船との遭遇を避けるため、波の荒い北方航路を進撃した。機動部隊が一八〇度線を越えて西半球に入ろうとしていた十二月一日、東京では御前会議でついに

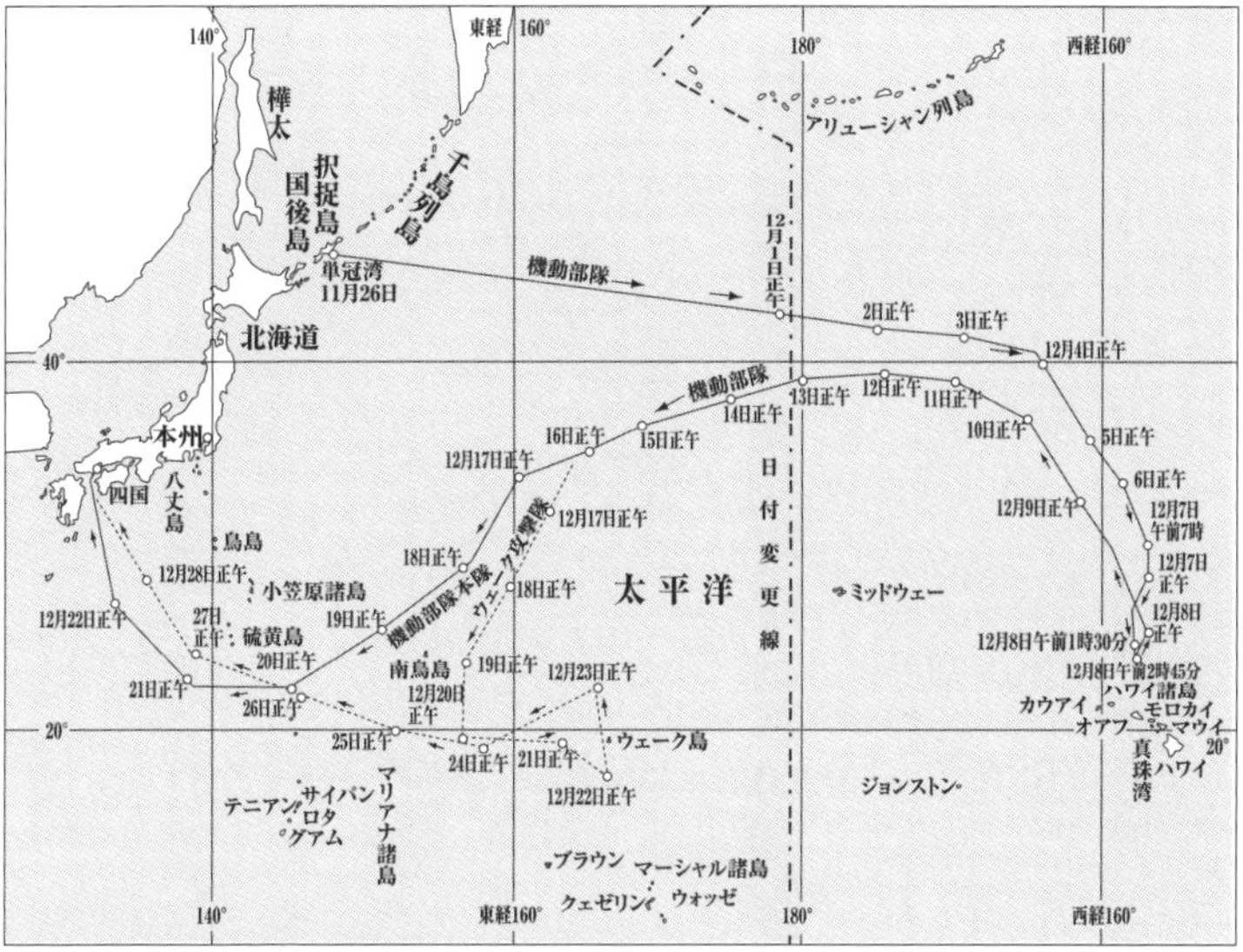

真珠湾攻撃部隊編成表	
空襲部隊　指揮官＝南雲忠一中将（第１航空艦隊司令長官）	
第１航空戦隊（南雲中将）	空母＝赤城、加賀
第２航空戦隊（山口多聞少将）	空母＝蒼龍、飛龍
第５航空戦隊（原忠一少将）	空母＝翔鶴、瑞鶴
支援部隊	指揮官＝三川軍一中将（第３戦隊司令官）
第３戦隊（三川中将）	戦艦＝比叡、霧島
第８戦隊（阿部弘毅少将）	重巡＝利根、筑摩
警戒隊　指揮官＝大森仙太郎少将（第１水雷戦隊司令官）	
第１水雷戦隊（大森少将）	軽巡＝阿武隈
第17駆逐隊	駆逐艦＝谷風、浦風、浜風、磯風
第18駆逐隊	駆逐艦＝不知火、陽炎、霞、霰 付属　駆逐艦＝秋雲
哨戒隊　指揮官＝今和泉喜次郎大佐（第２潜水隊司令）	
第２潜水隊（今和泉大佐）	潜水艦＝伊19、伊21、伊23
特別攻撃隊　指揮官＝佐々木半九大佐（第３潜水隊司令）	
潜水艦＝伊16、伊18、伊20、伊22、伊24 ※各潜水艦は特殊潜航艇を１基ずつ搭載していた。	

開戦を決定した。

対米英蘭開戦の件

十一月五日決定の『帝国国策遂行要領』に基く対米交渉は遂に成立するに至らず。帝国は米英蘭に対し開戦す。

翌十二月二日、機動部隊は連合艦隊司令部から「新高山《ニイタカヤマ》登レ 一二〇八」という電文を受信した。「十二月八日に開戦決定」という隠語である。

そして単冠湾を出航して十三日目の十二月八日午前一時三〇分（現地時間七日午前六時）、機動部隊は攻撃隊の発進地点となるオアフ島の北約三五〇キロメートルに到達した。

日米開戦初の戦死者は日本の特殊潜航艇乗員

アメリカ海軍は、兵力を太平洋と大西洋にほぼ同等に配備していた。太平洋艦隊には戦艦九隻、空母三隻があり、真珠湾は艦隊主力の常駐基地だった。

日本の海軍軍令部では、昭和十六年三月からハワイの総領事館に吉川猛夫《よしかわたけお》予備少尉を密偵として送り込んでいた。吉川は領事館員「森村正」という偽名で、真珠湾を見渡せる日本料亭の窓から観察したり、ときには真珠湾の戦艦泊地が見える場所に通い、在泊する米艦艇の

ハワイに派遣された吉川が観察拠点とした料亭「春潮楼」は、戦後も「夏の家」と名を変えて営業している。写真は「夏の家」の窓から見渡した真珠湾。

様子を逐一東京へ打電していた。その極秘報告電報数は、開戦までに一七六通を数えた。吉川は十二月六日の状況まで打電し、開戦後、他の領事館員とともに交換船で帰国した。

南雲機動部隊が攻撃隊発進地に到着したとき、真珠湾には八隻の戦艦をはじめ大小九二隻の艦艇が碇泊していた。吉川の最後の報告によれば十二月六日の時点で、空母は飛行機の運搬任務や修理のため、三隻とも真珠湾を留守にしていたが、戦艦は八隻在泊していた。

太平洋戦争の幕を開けたのは、機動部隊による航空攻撃ではなく、実は五隻の特殊潜航艇だった。この二人乗りの小型潜水艦の任務は、真珠湾内に潜入し、午前八時に予定されている

「森村正」こと吉川猛夫予備少尉。吉川は領事館員として210日にわたって軍令部に情報を送り続けた。

飛行機隊による第一撃のあと、湾内から退避してくるであろう米艦艇を魚雷で攻撃することであった。五隻の特殊潜航艇はそれぞれ大型の伊号潜水艦の背中に搭載され、空襲前夜に真珠湾口から約一〇浬《かいり》の海上まで肉薄し、深夜から七日未明にかけて湾内めざし発進した。

だが潜航艇の一隻が、夜明け前に米海軍の哨戒艇に発見されてしまった。哨戒艇から知らせを受けた米駆逐艦は付近を三時間以上も捜索し、午前六時四五分、ついに小型潜水艦を発見した。小型潜水艦は、米駆逐艦の砲撃と爆雷投下により海底に姿を消した。

これが日米開戦の初戦闘であり、双方にとっての撃沈第一号になった。結局、五隻の特殊潜航艇はいずれも成果を挙げることができず、未帰還の九名が日米戦初の戦死者となり、一名がアメリカ軍の捕虜第一号になった。

「トラ・トラ・トラ」われ奇襲に成功せり

米駆逐艦が特殊潜航艇を捜索していた午前六時、オアフ島北方の機動部隊の空母からは第一次攻撃隊一八三機が次々と発艦していた。そして艦隊上空で編隊を組んだ第一次攻撃隊の内訳は、八〇〇キロ徹甲爆弾一個搭載の水平爆撃隊が四九機、航空魚雷一本を抱えた雷撃隊が四〇機、二五〇キロ陸用爆弾一個を積んだ艦上爆撃機の急降下爆撃隊が五一機、二〇ミリ機銃と七・七ミリ機銃を二丁ずつ装備した制空隊の零戦《ゼロせん》が四三機である。

真珠湾上空を飛ぶ日本の97式艦上攻撃機（97艦攻）。艦攻は目的により、魚雷と爆弾を装備することができた。写真中央で黒煙をあげているのが真珠湾に浮かぶフォード島の戦艦泊地。

第一次攻撃隊がオアフ島までまだ二〇〇キロ以上ある地点で、オアフ島北端のカフク岬にある米陸軍のレーダーが攻撃隊の機影をとらえた。監視所にいた二人の二等兵は、ホノルル近くの防空指揮所に電話連絡したが、当直将校は米本土から飛来する予定の一二機のB17爆撃機だろうと思い、上層部へ報告しなかった。

また、駆逐艦が特殊潜航艇を爆雷攻撃したことも、太平洋艦隊司令長官であるキンメル大将のもとに届くまでに時間がかかっており、米軍に危機意識が欠けていたことも、日本軍の奇襲攻撃を成功に導いた一因といえる。

午前七時四九分、真珠湾上空にさしかかった第一次攻撃隊を率いる淵田《ふちだ》美津雄《みつお》中佐機は、「全軍突撃せよ」という意味の「トトトトト」のト連送を打電した。はるかな眼下には、おだやかな日曜の朝を迎えた真珠湾が広がっている。

ト連送の三分後、淵田中佐は暗号電「トラ・トラ・トラ（われ奇襲に成功せり）」を艦隊司令部に打電した。

攻撃隊の空爆は七時五五分、急降下爆撃隊によるヒッカム飛行場への奇襲で始まった。続けて雷撃隊も海面をなめるような低空から、フォード島の泊地に碇泊している戦艦群に魚雷を発射した。最初の魚雷は戦艦「カリフォルニア」に命中した。「カリフォルニア」は、魚雷三発と水平爆撃隊からの八〇〇キロ爆弾一発が命中し沈没した。

真珠湾は炎と黒煙に包まれ、爆発音が相次いだ。約三〇分の第一次攻撃で、在泊した八隻の戦艦のうち四隻が着底・沈没し、その他四隻も損害を受けた。地上基地でも、急降下爆撃や零戦の機銃掃射によって、飛行場に駐機していた飛行機は壊滅的打撃をうけていた。

急降下爆撃隊の爆撃に続き、零戦隊の攻撃を受けて炎上するホイラー飛行場の米軍機群。

第一次攻撃隊が去った三〇分後、嶋崎重和《しまざきしげかず》少佐率いる第二次攻撃隊一六七機が、黒煙を噴き上げる真珠湾上空に殺到した。今度は対空砲火が激しくうなり、迎撃の戦闘機も少数ながら舞い上がってきた。しかし訓練に訓練を重ねてきた制空隊の零戦の敵ではなく、米軍機はたちまち撃ち落とされていった。

この二波にわたる攻撃により、真珠湾の戦艦や飛行場はほとんど破壊された。米側の被害は沈没・擱坐《かくざ》七隻、大破三隻、中・小破七隻の合計一七隻。飛行機は二三二機を喪失した。死者・行方不明者・戦後死亡者はあわせて二四〇二名にのぼった。対する日本側は飛行機二九機、搭乗員五四名の喪失と少なく、予想外の大成功だった。

しかし米軍の海軍工廠《こうしょう》施設や石油貯蔵タンクは被害を免れていた。当然、各戦隊の司令官や搭乗員たちは第二撃が発令されるものと思い、発艦準備に追われていた。だが、南雲司令長官と草鹿龍之介《くさかりゅうのすけ》参謀長は「所期の目的は達せられた」として、参謀や戦隊司令官らの意見具申を退け、帰途についてしまった。

作戦立案者の山本五十六司令長官は「勝敗を第一日に決する」という決意を持っていたが、そ

沈没する戦艦「アリゾナ」。真珠湾の米艦隊のなかでも、火薬庫で800キロ爆弾が爆発した「アリゾナ」の被害がもっとも大きく、艦長以下1000名以上の乗組員が死亡した。遺体が回収されたのは75名にすぎず、現在も「アリゾナ」艦体とともに真珠湾の泊地に眠っている。

炎上する戦艦群に必死に消火作業を行う米軍の艦艇。手前の「ウェストバージニア」はまもなく沈没した。奥に後部マストが見える「テネシー」は「ウェストバージニア」の内側にあったため魚雷攻撃を免れ、中破にとどまった。

の意は実現されなかったのである。逆に米海軍にとっては、石油タンクや工廠が無傷で残ったことは文字どおり不幸中の幸いだった。もし石油タンクが破壊されていれば、米本土から艦艇用の燃料を運ばなければならず、その間、生き残った空母や巡洋艦は動けない。また工廠が攻撃を受けていれば、損傷した艦艇の修理もできず、真珠湾は母港としての機能を失ったに違いない。

開戦後、米軍は残された空母や重巡をフル活用して反撃に出た。また撃沈された戦艦の引き揚げ作業をただちに始め、艦隊の意外に早い立ち直りをみせたのも、石油タンクや工廠が無傷で残ったためだった。

ハワイ作戦③　チャーチル英首相を喜ばせた日本の真珠湾攻撃

予定の80分後に手渡された最後通牒

米国民を参戦へ走らせた日本軍の「だまし討ち」

真珠湾が奇襲された翌日の十二月八日午後零時三〇分、ワシントンでは上下両院本会議場でアメリカ大統領フランクリン・D・ルーズベルトが、議会に日本に対する宣戦布告を求める演説を行った。

「昨日、一九四一年十二月七日は、屈辱の日として長く記憶されるべきでありましょう。アメリカ合衆国は、日本帝国により突如、計画的に襲撃されたのであります……」

ルーズベルトの演説は圧倒的な拍手で迎えられ、議会は宣戦布告要請を反対票わずか一票という圧倒的多数で

真珠湾攻撃の翌日、対日宣戦の演説をするルーズベルト。演説は万雷の拍手によって迎えられた。日本軍の奇襲を受けたことで、はからずも念願の参戦を果たすことができた。

可決した。それまで欧州戦線へ不介入の態度をとっていたアメリカ国民も、「日本のだまし討ちを忘れるな！」と一気に参戦へと向かい、若者たちは軍隊志願に殺到した。時代は下るが、日米開戦二五周年のジョンソン大統領時代には、米政府によって「パールハーバー・デー」が制定され、米国の正式な記念日になったほど、真珠湾の衝撃は根強く生きているのである。

　真珠湾攻撃を立案した山本五十六大将は、真珠湾に先制攻撃を加えることで「米国海軍及国民をして救ふ可《べ》からざる程度に其の士気を沮喪《そそう》せしむる」つもりだったが、山本の見通しとはまったく逆に、皮肉にも米国民を参戦へ一致団結させるという結果になってしまった。まさに真珠湾攻撃は、その成果とは裏腹に戦略的には大失敗だったともいえる。

　さらにアメリカ国民を憤慨させたのは、真珠湾が奇襲攻撃だったという点である。卑怯《ひきょう》なだまし討ちや不意打ちを特に嫌うのがアメリカの国民性である。

　しかし、日本も決してだまし討ちにしようとしていたわけではない。原因はワシントンの日本大使館の怠慢だったので

「日本のだまし討ち」に憤り、続々と軍隊志願に詰めかけるアメリカの若者たち。

ある。日本政府の予定では、アメリカ政府に対する最後通牒《つうちょう》の手交は、真珠湾攻撃開始の三〇分前の午後一時（ワシントン時間）に行うよう指示していたのだ。だが、実際に野村吉三郎《のむらきちさぶろう》駐米大使がハル国務長官に手渡したのは、真珠湾攻撃が始まってから五〇分がたった午後二時二〇分のことだった。大使館員に開戦間近だという緊張感が欠けていたための大失態である。

外務省はワシントンの日本大使館に、最後通牒を一四部に分けて暗号送信したが、米側への手交時間は最後の一四部目で指定されていた。外務省は別電で、いつでも手交できるように一三部まではあらかじめ翻訳、清書しておくようにと訓令していた。それにもかかわらず、大使館員は前日に届いていた一三部を清書せず、当日出勤してから一四部に記されていた午後一時という手交予定時間を見て、あわててタイプし、大幅に遅れてしまったのだ。

ルーズベルト大統領あての文書を抱えて車を降りる野村吉三郎大使。

「これで戦争は勝った」と膝《ひざ》をたたくチャーチル英首相

アメリカの対日開戦をもっとも喜んだのは、イギリス首相のウィンストン・チャーチルだったかもしれない。アメリカの対日開戦は、日独伊三国同盟の関係から、必然的にヨーロッパ戦線への参戦にもなる。

ドイツに圧迫されていたイギリスは、それまでもアメリカに参戦をうながしてきた。しかしルーズベルト大統領は、一九四一年に三期目に就任するさい「アメリカが攻撃されない限り、戦場に若者を送り込まない」と公約していた。そのため、イギリスとソ連に武器弾薬を提供し、「アメリカは民主主義国家の兵器廠になる」と国民に説明するので精いっぱいだったのである。

それが「いまや日本は、ハワイで直接われわれを攻撃することによって、すべてのことを解決した」（米上下両院合同委員会でのスチムソン陸軍長官）のである。

ウィンストン・チャーチル英首相。

アメリカ参戦を知ったチャーチルは、日独伊の枢軸国との戦争の勝利を確信した。チャーチルは、このときの喜びをのちに回想録に記している。

「私が、アメリカ合衆国をわれわれの味方につけたことは、私にとって最大の喜びであったと宣言しても、私がまちがっているると考えるアメリカ人はいないだろう」（『第二次世界大戦』河出文庫）

第2章 南方攻略作戦

南方資源地帯の西欧勢力駆逐をめざして

バターン戦でセブ島のアルガオ、
バリリに上陸する日本軍。

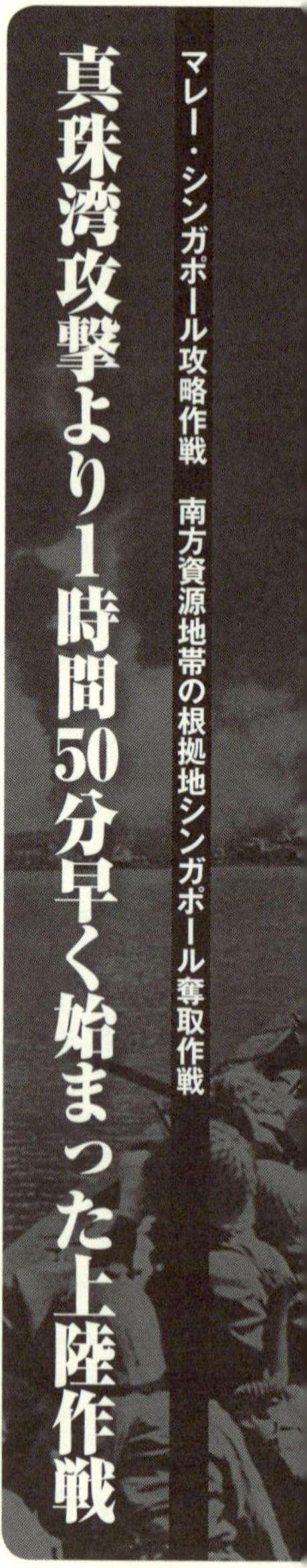

真珠湾攻撃より1時間50分早く始まった上陸作戦

マレー・シンガポールをなぜ攻略・占領するのか

太平洋戦争は、ハワイ真珠湾の米海軍基地への奇襲攻撃で始められたと思われがちだが、実際はマレー半島上陸作戦の開始の方が早かった。日本軍はマレー半島作戦を皮切りとする南方（現在の東南アジア）攻略計画をかなり早い時期に決定しており、マレー作戦は予定の行動だった。

作戦の目的は、マレー半島の南端に位置するシンガポールを攻略することだった。当時、シンガポールはイギリスの海峡植民地の中心で、いってみれば英領マレーを含めた首都的役割を担っていた。

すなわち東アジアでは香港と並ぶイギリスの一大拠点であると同時に、イギリス東洋艦隊の根拠地でもあった。つまりシンガポールを占領することは、アジアに君臨するイギリスの勢力を弱め、その後に予定されている蘭印攻略などの作戦を容易にするためにも是が非でも必要であった。

　また、マレー半島は世界でも有数のゴムと錫《すず》の産地であり、資源のない日本にとって魅力は大きかった。そのため日本軍はマレー半島の付け根に上陸し、半島全体に防御陣地を構築している英印軍（イギリス人とインド人で編成の部隊）を撃破しながら、半島南端のシンガポール島をめざしたのである。

退却する英印軍が爆破していったアロルスターの橋。

驚くべき速さで達成された攻略作戦

　マレー・シンガポール攻略を担当したのは、山下奉文《やましたともゆき》中将率いる陸軍第二五軍で、南方作戦のために創設された南方軍（司令官・寺内寿一《てらうちひさいち》大将）の指揮下に置かれた。

　第二五軍は部隊を三つに分け、英領マレーのコタバル、タイ領内のシンゴラとパタニからそれぞれ上陸した。もっとも早かったのはコタバルに上陸した佗美《たくみ》支隊で、日本時間で昭和十六年（一九四一）十二月八日午前一時三〇分と真珠湾攻撃の一時間五〇分も前だった。

上陸した各部隊はただちにシンガポールをめざして半島を南下した。途中で英印軍の激しい抵抗にあったものの、驚異的な速さでマレー半島を制圧した。

日本軍の進撃の早さを象徴していたのが、ジットラ・ラインの突破であろう。ジットラ・ラインはタイとマレーの国境に築かれたイギリス軍の防御陣地で、イギリス軍が「二、三カ月間は日本軍を阻止しておく」と豪語していた強力要塞だった。ところが日本軍は、疾風のごとく突き進み、わずか二日間で突破してしまった。

また、英印軍の抵抗が激しかったスリムでは、戦車を前面に押し出した反撃で英印軍を圧倒し、「スリムの殲滅《せんめつ》戦」と呼ばれるほどの凄惨《せいさん》な戦いを展開した。さらにその影響で、首

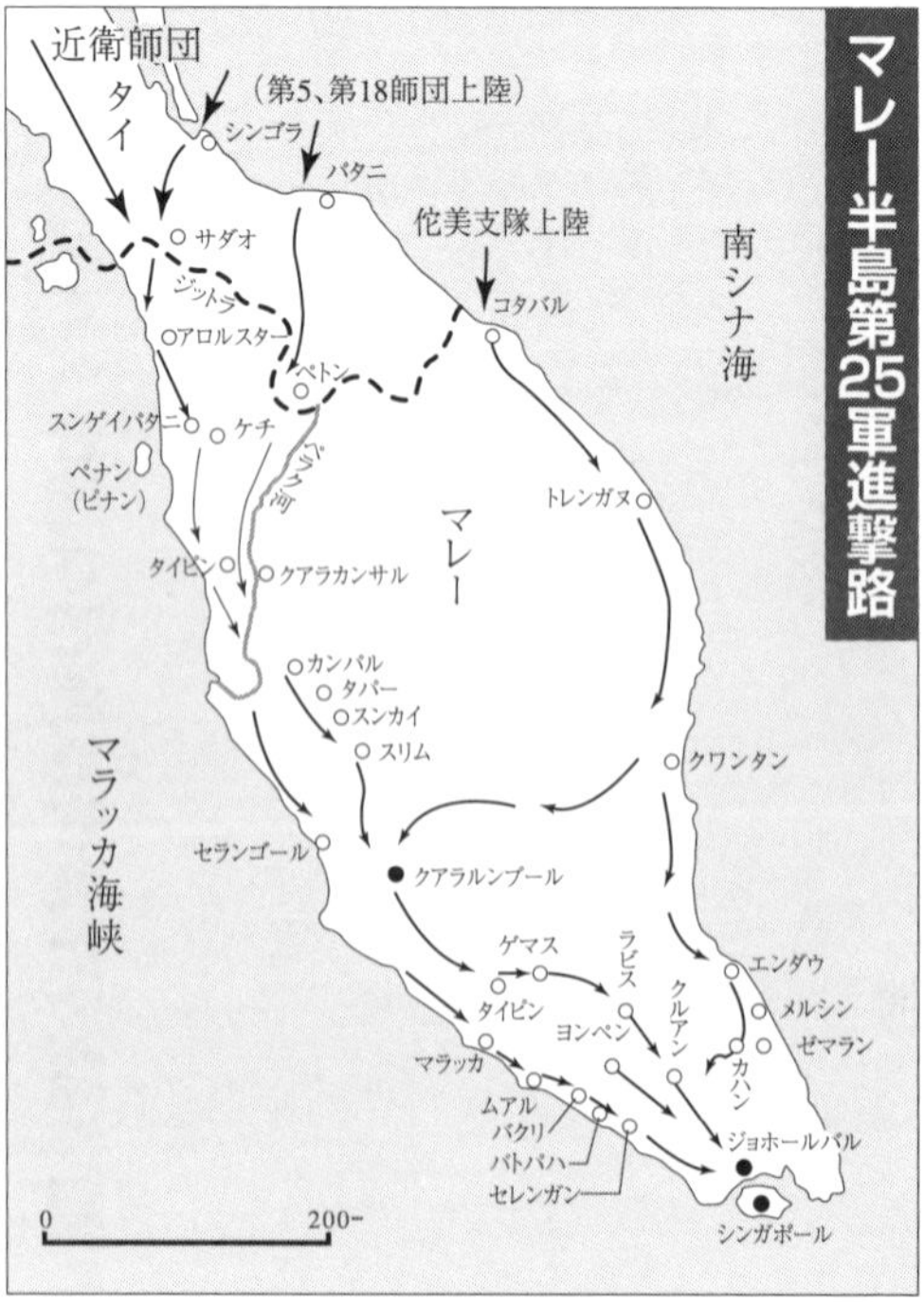

シンガポールのセレター飛行場に突入する日本軍。

都クアラルンプールから英印軍が退却し、無血で占領することができたのである。

こうして日本軍は上陸から五五日でマレー半島を縦断し、シンガポール島と水道を挟んだジョホールバルに到達した。一日の平均移動距離が二〇キロというから、まさに驚異的な速さだった。

その後一週間の準備を経て、日本軍は二月九日午前零時からいよいよシンガポールへ本格的な攻撃を開始した。

英印軍の抵抗は予想していたほどではなかったものの、戦いは激しいものとなり、二月十五日には日本軍の砲弾が底をついてしまった。そこで日本軍はいったん攻撃を中止しようかと考えた。ところがなんと、英印軍側が降伏を申し入れてきた。日本軍と同様、英印軍もまた弾薬や食糧が底をついていた。加えて給水施設が打撃を受けたために、これ以上の作戦続行は不可能になってしまったのである。

フォードの自動車工場で降伏交渉が行われた。全面降伏の意志をはっきりと示さない英印軍総司令官パーシバル中将に対し、山下軍司令官は「降伏するのかしないのか、イエスかノーで答えなさい」と迫った。パーシバル中将は「イエス」と答えざるを得なかった。

まさに日本軍は降って湧いたような勝利を手にしたのだった。

世界の海戦の常識を覆すマレー沖海戦の戦果

陸軍が圧倒的な速さでマレー半島を進撃していた最中《さなか》の十二月十日、日本海軍もそれまでの常識を覆《くつがえ》す戦いを見せた。「マレー沖海戦」と呼ばれるこの戦いは、マレー半島への日本軍上陸の報を得て出撃した英最新鋭戦艦「プリンス・オブ・ウェールズ」と巡洋戦艦「レパルス」を、日本海軍の基地航空隊機が撃沈した作戦である。

真珠湾攻撃と同じく戦艦対飛行機という対決になったが、真珠湾と違っていたのは、イギリスの戦艦が航行中で、しかも戦闘状態にあったことである。

当時はどこの国の海軍でも「大艦巨砲主義」と呼ばれる考えが主流で、分厚い装甲と大砲の大きな戦艦がもっとも強いとされていた。しかし今回行われた海戦の結果はそれを根底から覆すもので、「戦艦二隻沈没！」の報を受けたイギリス首相チャーチルは、大きな衝撃を受けたという。

もっとも飛行機が戦艦を沈めたという事実には日本海軍首脳でさえも驚いたといわれるから、日本軍でも多くは航空攻撃の有効性を信用していなかったに違いない。

さらにもう一つ衝撃的だったことは、日本の飛行機の強さだった。英軍は日本の航空隊の強さはせいぜいイタリアと同じくらいで、ましてやドイツには遠く及ばない、つまり弱いと思っていた。マレー沖海戦でイギリスは日本軍とその飛行機の強さを思い知ったと同時に、東洋艦隊の大半を失い、シンガポールの陥落を待たずにその権威はすでに失墜していたのである。

マレー沖海戦で英海軍の戦艦を沈めた日本海軍の1式陸攻隊。陸攻とは陸上攻撃機の略で、陸上基地専用の攻撃機のことである。海戦には1式陸攻の他に旧型の96式陸攻も参加している。

日本軍の攻撃を受ける英艦隊。写真上が最新鋭戦艦「プリンス・オブ・ウェールズ」。下が巡洋戦艦「レパルス」。

香港攻略作戦　意外だったイギリス軍の早期降伏

予定の半分の18日間で攻略完了した香港

香港防衛に対するイギリスの姿勢

一九世紀半《なか》ばにイギリスの植民地になった香港は、日中戦争中、重慶に移った蔣介石《しょうかいせき》政権を援助するためにアメリカやイギリスから送られてくる物資、いわゆる「援蔣物資」の中継拠点であった。同時に、蔣介石政権が各機関を設置する政治、経済の前線基地でもあった。

しかし、イギリスは香港防衛にそれほど力を注いでいたわけではない。日中戦争勃発《ぼっぱつ》時まではイギリス海軍の基地にはなっていたものの、防備の脆弱《ぜいじゃく》性から利用を取り止めていた。それでも九龍半島高地一帯に要塞を築いて駐兵を続けてはいたが、中国の抗日戦を励ますという意味合いが

日本軍の「香港開城」勧告を拒む英軍司令官に対し、日本軍は大攻勢で圧力をかけた。燃えさかる重油タンクの煙をかいくぐって、香港要港に突入する海軍陸戦隊。

強かった。

もちろん日本には渡したくなかったが、できるだけ長く保持するという程度のもので、本国がドイツとの戦いに手いっぱいで、長期抗戦は期待していなかった。

戦線が膠着するなか突然降伏した英軍

香港に対する日本軍の攻撃は、昭和十六年（一九四一）十二月八日、中国大陸側から開始された。日本軍が事前に入手していた情報では、香港手前の九龍半島の要塞には一五五カ所の防御陣地があるという。

そこで日本軍は強力な砲兵部隊を投入したのだが、情報とは違って実際の防備は手薄で、陣地数も予想の四割程度しかなかった。そのため、本来は偵察が任務のはずの若林東一《わかばやしとういち》中尉が率いる斥候《せっこう》中隊は、独断で突入した。そして防御線を突破すると、十三日には九龍半島の制圧をほぼ完了したのである。

続いて十四日から半島対岸の香港島の攻撃を開始し、三日間の事前砲撃の後に島に上陸したが、

香港島の要塞に対する砲兵隊の猛烈な砲撃のあと、第38師団は３方向から島に上陸し英軍を攻撃した。英軍は給水施設に打撃を受けるや、あっさりと降伏した。

香港島への上陸戦に先駆けて、陸海軍の航空隊は軍需施設と砲台を破壊した。写真は香港に猛爆撃を加える陸軍航空隊。

香港島は九龍要塞よりも火力、防備ともに上回っていた。しかも約一万二〇〇〇名の守備隊は、大英帝国の面子《めんつ》にかけて半年間は抵抗するつもりだったから、日本軍の攻撃は困難をきわめた。戦闘は一進一退を繰り返し、十日あまりで戦線は膠着《こうちゃく》状態に陥ってしまった。

ところが、香港市街への総攻撃を翌日に控えた十二月二十五日、突然、英軍が降伏してきた。理由は給水施設を日本軍に押さえられ、市街が水不足に陥ったからだった。もともと香港は給水に不安を抱えており、アキレス腱《けん》ともいえる部分だったのである。

さらに水不足で市民が香港から脱出し始めたことも、英軍の戦意を低下させる一因となった。香港攻略は予定の約半分の十八日間という、意外なほどの速さで幕を下ろした。

フィリピン攻略作戦「死の行進」も生んだ米比軍の大量降伏

10万人の捕虜を60キロ歩かせたバターン攻防戦

首都マニラを放棄したマッカーサーの戦略

アメリカの植民地となっていたフィリピンへの攻撃は、開戦と同時の昭和十六年（一九四一）十二月八日の飛行場への航空攻撃で開始された。空爆はルソン島一帯の米軍基地に繰り返し行われた。そしてマッカーサー軍の航空戦力を壊滅させ、フィリピンの制空権を手にした日本軍は、十二月二十二日に本《ほん》間《ま》雅晴《まさはる》中将率いる陸軍の第一四軍が上陸を開始した。

上陸から首都マニラ占領まではあっさりと進撃できた。フィリピン防衛を指揮していたのは、戦後、連合軍最高司令官として日本を統治することになるダグラス・マッカーサー大将（当時）だったが、彼はマニラを非武装都市宣言（オープン・シティ）することで、街を守ろうとした。そのためなんの抵抗もせ

日本軍の空爆で、直撃弾を受けて炎上するキャビテ軍港の米潜水艦（12月10日）。

日本軍マニラ攻略路

ずに街を日本軍に明け渡した。

　しかし、マッカーサーは日本軍への抵抗を放棄していたわけでも、日本軍を恐れていたわけでもない。マニラを非武装都市にすることは、日本軍上陸前に決めていたことだった。マッカーサーは開戦前から、米比（アメリカ・フィリピン）軍はバターン半島に後退して徹底抗戦をする計画だったのである。

バターン半島の攻略と予想を超える捕虜の数

　戦わずに撤退するという考え方がなかった日本軍は、戦わずにマニラを明け渡した米比軍を弱体部隊と判断した。バターン半島には、日本軍を恐れて逃げ込んだだけだと考えた。日本軍のその侮《あなど》りが、バターン半島攻略にあたって、もっとも装備の貧弱な第六五旅団という、本来は占領地の警備をする部隊を投入することになる。

バターン要塞は昭和十六年春から建設され、日本軍との戦いに備えて演習を繰り返しており、万全な態勢で第六五旅団を迎え撃った。攻撃は昭和十七年一月八日から一月末まで行われたが、死傷者を積み重ねるだけだった。そこで戦闘集団としての装備を持った第一六師団の一部を新たに投入するが、それでも劣勢を撥《は》ね返すことはできなかった。その日本軍が、バターンが強固な防御陣地であることを知るのは、二月の中旬に要塞の詳細な地図を手に入れてからである。

バターン要塞に対する認識を改めた日本軍は、戦力強化を急いだ。そして四月三日、それまでの攻撃法を変え、一九〇門もの大砲をそろえた大砲撃戦を開始した。陸軍始まって以来の大規模な砲撃の効果はすぐにあらわれた。砲撃と歩兵の突撃が繰り返された。その結果、わずか一週間で米比軍は次々と投降してきた。

投降してきた米比軍捕虜の数は合計一〇万名にも上ったが、「生きて虜囚《りょしゅう》の辱《はずかし》めを受けることなかれ」と、捕虜になることは死ぬよりも恥であると教えられてきた日本軍にとっては、信じられない数だった。

バターン半島戦では民間人を含む10万人もの捕虜が出た。しかし日本軍には捕虜に与える食糧も水もなく、また捕虜を後送するトラックも確保できなかった。そこで60キロ離れたサンフェルナンドの収容場まで徒歩で護送することになった。これが「バターン死の行進」となり、戦後、本間中将は責任を問われて死刑にされる。

日本軍は大量の捕虜を、バターン半島付け根のサンフェルナンドに移動させることにした。だが、日本軍には捕虜を運ぶ自動車がなかった。六十キロはあるであろう距離を歩かせることになった。

護送監視の日本兵が銃剣を構えるなか、移動行軍は開始された。捕虜たちは、途中で水や食糧をほとんど与えられなかった。もちろん意図的に与えなかったのではなく、予想をはるかに上回る捕虜の多さに、必要な水や食糧を調達できなかったのである。

疲労と脱水症状で、捕虜たちは力尽きてバタバタ倒れていった。この「死の行進」は、逃亡に成功した捕虜によってマッカーサー司令部に報告され、「バターン死の行進」と称されて日本軍の残虐行為の一典型として喧伝《けんでん》された。

このバターン攻防戦の最中《さなか》の三月二十日、マッカーサー司令官は家族や幕僚とともに立てこもっていたコ

続々と日本軍に投降してくるバターン半島の米比軍。

レヒドール要塞から、大統領の命令でオーストラリアに脱出していた。そしてオーストラリアに到着したマッカーサーは、記者団の質問に答えて言った。

「アイ・シャル・リターン（私は戻る）」

以後、「アイ・シャル・リターン」は、マッカーサーとその部隊にとって、対日戦の合い言葉となった。

コレヒドール占領後も終わらなかった戦い

バターン要塞を陥落させた日本軍は、半島沖に浮かぶコレヒドール島の攻略にかかった。島は全島が要塞化されており、一万五〇〇〇名の米比軍が立てこもっていた。

日本軍は四月十二日から空爆を、翌日からは砲撃を開始した。砲撃は要塞砲が沈黙する五月五日まで続けられた。そしてこの日、日本軍は島への上陸戦を開始した。激しい攻防が続いたが、米比軍の猛烈な抵抗は翌日正午までで、それがやむと突然降伏してきた。

五月七日、司令官のウェーンライト中将は全軍に降伏を命じ、フィリピンの戦いは幕を閉じたかに思われた。しかし、占領直後から日本軍は抗日ゲリラに悩まされるようになる。日本軍は南方作戦のスローガンに白人からの「アジアの解放」を掲げ、実際に一部では欧米支配からの解放者として迎えられ、歓迎された。ところが、フィリピンは日本軍に友好的ではなかった。

フィリピンは昭和二十一年までにアメリカから独立させると約束されていた。日本軍がやってこなくても、「解放」されることが決まっていたのである。それどころか日本軍が占領したため、独立が白紙になってしまった。フィリピンの人々には、日本を解放者として受け入れることは到底できなかったのだ。

日本軍占領直後から活動を活発化させた抗日ゲリラ。彼らは終戦まで日本軍と戦い続けた。写真は米軍の武器を点検するレイテ島のゲリラ。

コレヒドールを脱出し、オーストラリアのメルボルンに到着したマッカーサー。

島嶼攻略戦　戦略拠点グアム、ウェーク、ラバウルの攻略

わずか2日で陥落したグアム、2週間で陥落したウェーク

開戦直後に占領した太平洋上の拠点

開戦と同時に始まった日本軍の進撃は東南アジアだけにとどまらず、太平洋上の島々にもおよんだ。グアム、ウェークもその一つで、いずれも戦略拠点の島々である。

グアムは第一次世界大戦の結果、日本の委任統治領になった南洋群島のマリアナ諸島の中にあって、唯一のアメリカ領（植民地）だった。アメリカはこの日本の領土に囲まれたグアム島を西太平洋方面の前進基地として、また米本土と東洋を結ぶ中間補給基地として重視していた。

グアム島はその戦略的な重要性と、日本領のロタ島から約五五キロしか離れていなかったことから、日本軍は開戦翌日の十二月九日には攻撃を開始し、十日には占領を終えた。

北太平洋西部に位置していたウェーク島も同じくアメリカ領で、太平洋における交通の要衝である。米軍にとってはサンフランシスコからマニラを結ぶ線の一大拠点であり、日本にとっても東京から南太平洋の間で重要な役割を果たすことから、グアム同様に大きな戦略的

意味を持っていた。

ウェーク島攻略も開戦直後に行われたが失敗し、十二月二十一日から改めて攻撃が開始された。攻撃は艦上機による空襲の後に、二十三日午前零時から陸上部隊が上陸し、激しい抵抗を押さえ込んでその日のうちに占領した。

南太平洋の拠点ラバウルも攻略

太平洋戦争中、南太平洋で最大の日本軍航空基地となるニューブリテン島のラバウル攻略は、グアムやウェークなどを攻略した後に実施された。

連合艦隊の前進根拠地トラック環礁から二七八〇キロの距離にあるラバウルは、ドイツ領時代にニューギニアの首都として建設された。開戦時はオーストラリア委任統治領パプアニューギニアの首都で、すでに飛行場があり、航空部隊も配備されていた。そのためトラック島の防衛上ラバウルを占領することは非常に有効で、占領することは開戦前から決められていた。

日本海軍は昭和十七年一月四日から何波にもわたってラバウルの空爆を行い、戦力を削《そ》いだのち二十二日夜から海軍陸戦隊が上陸し、翌日にはラバウルを占領した。以後、ラバウルは日本の陸海軍航空隊の前線基地となり、その攻防の要となった。

ラバウルから退却したオーストラリア軍の掃討をする海軍陸戦隊。

蘭印攻略作戦　所期の目的を達成した日本軍の油田占領

わずか8日間で終了した蘭印攻略戦

日本が石油の獲得をめざす資源の宝庫蘭印の魅力

現在インドネシアと呼ばれている地域は、戦前はオランダ領東インド、通称蘭印《らんいん》と呼ばれていた。

ボルネオのバリクパパン油田を占領し、油井の汲み上げテストを行う日本軍と関係者。

　蘭印は東南アジア随一の石油の生産量を誇っており、米英から石油の輸出を止められた日本は、蘭印の石油を確保することを考えた。蘭印の占領は南方作戦の最終目的であり、蘭印の油田を手に入れることこそ、日本が戦争を始めた最大の理由だった。開戦劈頭《へきとう》のマレー・シンガポール攻略やフィリピン攻略、さらには香港攻略も、蘭印作戦を成功させるための前哨戦といってもいい作戦だった。

蘭印の石油年産量は少なく見積もっても八〇〇万トンあり、年間五〇〇万トンと推計される日本の需要量を上回っていた。蘭印を占領すればアメリカから石油が輸入できなくなっても、計算上は問題はなかったのである。石油の他にも、蘭印にはボーキサイトをはじめとする豊富な天然資源があり、戦略物資の獲得には絶好の地域だった。

油田奪取を優先させた日本軍の蘭印攻略作戦

蘭印攻略作戦は、マレー・シンガポール攻略とフィリピン攻略作戦が完了した昭和十七年一月に開始した。日本軍は首都バタビア（現ジャカルタ）のある中心地ジャワ島ではなく、ボルネオ島のタラカン、バリクパパン、バンジェルマシン、そしてスマトラ島パレンバンといった油田地帯を真っ先に占領していった。オランダ軍が破壊してしまう前に油田を押さえておきたかったからである。

これらの作戦では、上陸部隊を乗せた輸送船がたびたび連合軍の攻撃で被害を被っており、パレンバンへの上陸部隊を乗せた輸送船も連合軍艦隊に狙われたが、海軍の航空隊が撃退している。

そして最後にジャワ島の攻略が行われた。今村均《いまむらひとし》中将率いる第一六軍は三カ所から上陸し

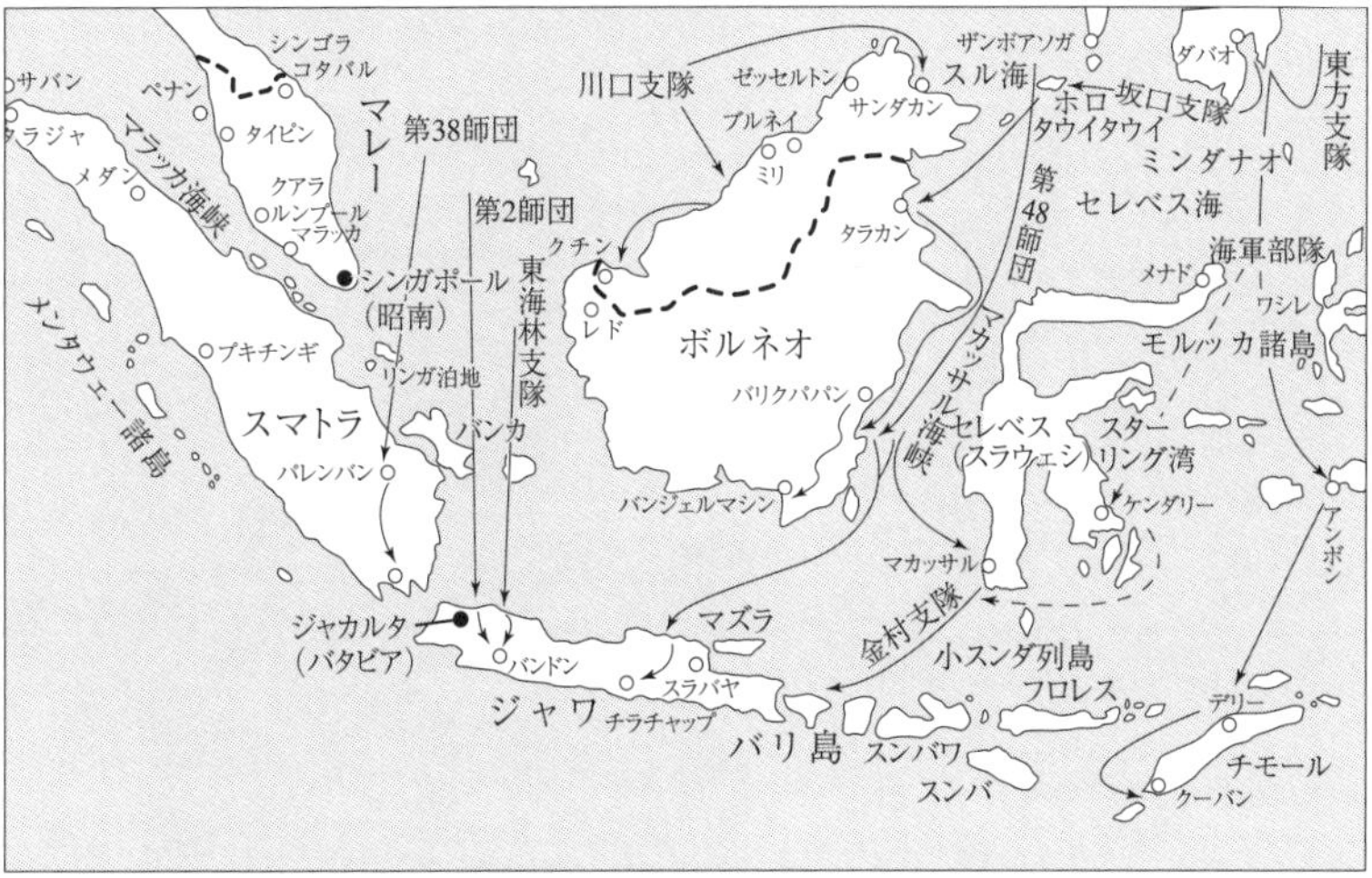

たが、坂口支隊が東部のクラガン上陸直前に連合軍艦隊と遭遇し、輸送船団を護衛していた日本艦隊との戦闘が起こった。のちに「スラバヤ沖海戦」と呼ばれる海戦である。結果は旗艦のオランダ軍軽巡洋艦「デ・ロイテル」など三隻の主力艦を撃沈した日本の勝利となり、陸軍部隊は無事に上陸した。

戦場を逃れた連合軍の艦隊は、途中で島西部のバンタム湾に上陸しようとしている第一六軍の主力を発見した。連合軍艦隊はただちに攻撃を仕掛けたが、またもや返り討ちにあった。この戦いは「バタビア沖海戦」と呼ばれるが、戦闘の最中《さなか》に日本の輸送船に魚雷が命中し、乗っていた今村中将が海に投げ出されるというアクシデントもあった。さいわい今村司令官の命に別状はなく、三月一日にすべての上陸が完了した。

第一六軍主力のやや東、エレンタに上陸した東海林支隊約四〇〇〇名は、三月七日にジャワ最大の軍事拠点バンドンへの攻撃を開始した。そして東海林支隊が要塞の一角を占領するや、オランダ軍は突如停戦を申し込んできた。攻撃の激しさから、うしろに大部隊が控えているものと見たのである。実際、日本軍には第一六軍主力の第二師団がいたが、上陸時の海戦で無線が失われて連絡が取れなくなっており、バンドン突入は東海林支隊の独断で行われたものだった。

翌三月八日、坂口支隊はオランダ軍の東部の拠点となっているスラバヤ市内に突入した。

スラバヤ沖海戦。日本軍機の攻撃を受け、右舷に傾き沈没する目前の英巡洋艦。スラバヤ沖海戦は、ジャワ島への日本の上陸を阻止しようとやってきた連合軍艦隊を日本が返り討ちにした海戦である。

パレンバンへ向かう上陸部隊。スタンダード、ロイヤル、ダッチ、シェルの各石油タンクが破壊され、黒煙が上がっている。

しかし、すでにバンドンが降伏した後だったこともあり、白旗を掲げた軍使が現れた。こうして蘭印攻略戦のすべての戦いは、わずか八日間で終了した。

日本軍を歓迎した住民たちの真意

蘭印に上陸した日本軍は、各地で現地の人々の歓迎を受けた。当時、蘭印では民族意識の高揚とともに独立への気運が高まっており、そこに乗り込んできてオランダ軍と戦っていた日本軍は、たちまち解放者として迎えられたのである。

日本軍が「解放者」となった裏には、蘭印のある伝説が関係していたという。オランダの支配に苦しんでいた蘭印には「北方から黄色い人々が来て解放してくれる」「空から白い衣をまとった人々が降りてきて解放してくれる」などといった伝説があり、「黄色い人々」はそのまま日本人の肌の色に直結し、蘭印最大の油田地帯パレンバンを奇襲した日本軍は白い落下傘を使って空から降りてきたのである。

そして、蘭印の人々の日本軍への対応は作戦の進行にも少なからず影響を与えた。たとえばパレンバンではオランダ軍が油田を破壊して撤退しようとしたのだが、爆破を命令された現地の従業員が命令に従わなかったおかげで、一部が無傷で手に入った。同様に、日本軍の進撃の妨げになるようオランダ軍が住民に並木を倒させようとしたのだが、それが実行され

セレベス島メナドを奇襲する落下傘部隊。日本の落下傘部隊は「天から舞い降りる白い衣をまとった神」という蘭印の伝説と一致した。

親指を立てて日本軍を歓迎する蘭印の住民たち。親指を立てる行為は蘭印では歓迎を意味しており、多くの人々が日本軍に対して親指を立てた。

なかった例もある。民衆のかなりの数が、日本軍の味方をしたのである。

人々はオランダ軍が去った後の独立を夢見ていたからこそ、日本軍に協力したのだが、彼らの望みはもちろんかなえられなかった。蘭印の資源を確保したい日本が独立を許すはずもなく、それどころかオランダ以上の圧政で民衆を苦しめたのである。

ビルマ攻略作戦　英軍を駆逐して援蔣ルートを遮断せよ！

約3万人で5万の英印軍と9万の中国軍と戦う

ビルマから送られる中国への援助物資

日本は太平洋戦争を始めたとき、すでに中国との戦争は四年を過ぎていた。日本は蔣介石の指導する中国軍に対して常に優勢だったが、中国軍はいつまでたっても降伏しなかった。

その理由の一つに、米英から資金と物資の援助が続いていたことが挙げられる。その物資の中継基地になっていたのが、当時イギリス領だったビルマ（現ミャンマー）である。

日本はビルマを起点にした中国への援助ルート、通称「援蔣ルート」を遮断するためにビルマ占領を画策した。しかし開戦時の日本軍にはビルマ攻略に回す戦力がなく、本格的な作戦展

ビルマは最後に残された援蔣ルートの中継基地だった。日本はビルマを占領すれば中国への輸送路を断ち切れると考えた。写真は日本軍のラングーン占領に備えて新設されたレド～ビルマ公路を結ぶ「レド公路」の途中にある「21曲がり」。

タイ国境を越えてタヴォイに入った日本軍は、ビルマの民衆から歓呼の声で迎えられた。

開は難しかった。そこで日本軍は熱心なビルマの若手独立運動家三〇名を脱出させ、中国の海南島で軍事訓練を施した。目的は「ビルマ独立義勇隊」をつくり、国内に混乱を起こさせて援助基地としての機能を失わせようとしたのである。

ところが、マレー攻略をはじめとする南方作戦が予想以上に順調に進み、戦力に目処《めど》がついたため、日本軍は予定を変更してビルマを直接攻略することになった。ビルマ独立義勇隊は日本軍と行動をともにし、ビルマに進撃することになった。そして独立義勇隊は行く先々で住民の歓迎を受け、若者たちは続々と義勇隊に参加してくる。おかげで日本軍も解放軍として、住民から盛大な歓迎を受けるのである。

途絶えなかった援蒋ルート

攻略を担当した約三万の第一五軍（第三三師団と第五五師団）は、昭和十七年（一九四二）一月下旬にタイから国境を越えてビルマ南部に入った。当時、ビルマには約五万の英印軍のほかに九万の中国軍が派遣されていた。中国も援蒋ルートを遮断されると困るからである。数の上で劣勢な日本軍は、正面からの戦いは極力避けて、奇襲などを多用する作戦の妙で対抗した。

第五五師団と第三三師団に分かれて首都のラングーンまで進撃した日本軍は、途中のペグー（現バゴー）などで英印軍の強力なＭ３戦車などに苦戦するが、三月八日にはラングーンへの入城を果たした。ラングーンには三万の英印軍がいるといわれていたが、前日に市内から退却していたため、無血占領となった。

首都を占領したあと、さらに増強された第一五軍は、全ビルマを制圧するために、北方に退却した英印軍と中国軍の追撃戦に移った。

追撃戦は、トングーで中国軍が頑強な抵抗を示した他は激しい戦闘は少なく、中国軍も英印軍も適当に戦っては退却していった。日本軍はその間にビルマ唯一の油田地帯であるエナンジョンも占領した。「油田は無傷で手に入れよ」というのが大本営の命令だったが、すでに英印軍によって大半が破壊された後だった。

その後、日本軍はビルマ北部の要衝マンダレーを攻撃し、五月一日に制圧した。このときすでに英印軍司令官のアレキサンダー大将は撤退を決めた後で、戦いは大規模なものにはならなかった。そして退却する中国軍は援蔣ルートの途中、サルウィン河に架かる恵通橋を自らの手で破壊した。こうして念願の援蔣ルート遮断は達成されたのである。

しかし、これで蔣介石への援助が途絶えたわけではなかった。連合軍は陸路での輸送が不可能になると、今度は空路での輸送を開始した。当初は月あたり一〇〇トン程度のささやかな輸送だったが、徐々に輸送力を強化して一年後には三〇倍から四〇倍にふくれあがっていった。ビルマを占領しても援蔣ルートが途絶えないかぎり、蔣介石の中国が降伏することはなかった。

「ビルマの独立」の約束を破った義勇隊と住民の日本軍への不信

日本軍とともにビルマ入りした独立義勇隊は、結成当初は二〇〇名ほどの規模だったが、行く先々で兵士を募った結果、ラングーンを占領したときには一万二〇〇〇名まで増大していた。ビルマからイギリスを追い払えば独立できると信じていたのである。日本軍がビルマの人々から熱烈な歓迎を受けたのも、義勇軍とともにビルマを独立へ導いてくれると思ったからだった。

彼ら義勇隊は、本来ならタイ～ビルマの国境を越えた地点にある南部ビルマ最大の都市モールメンを占領したとき、臨時政府の樹立を宣言する予定だった。しかし、すでに日本軍が軍政を始めた後だったために、できなかったの

エナンジョンを攻略する日本軍。エナンジョンは油田の林立する砂漠で、ビルマでは唯一の油田地帯だった。戦車、装甲車で防備を固めていたイギリス軍に対して、日本軍は夜襲を仕掛けて制圧したが、ほとんどの油田はイギリス軍に破壊された後だった。

太平洋の戦場で日本が劣勢になっていた昭和18年８月１日、ビルマは形だけの独立を果たし、米英に宣戦布告をする。写真は独立を祝って乾杯するビルマのバー・モー首相と駐ビルマ大使となった沢田廉蔵。

日本軍の装備で結成されたビルマ防衛軍。先頭の左にいるのは教官代わりの日本軍の下士官。

である。

そこでラングーンを占領したとき、彼らは臨時政府の樹立と独立宣言を強く主張した。しかし、大軍を送り込んで占領したビルマを、そうやすやすと日本軍が独立させるわけはなかった。

そして日本軍の形勢が次第に悪くなってきた昭和十八年八月、日本軍は形式だけの独立を認めるのだが、真の独立にはほど遠いものだった。

日本軍は占領後、ビルマ独立義勇隊をビルマ防衛軍として再編し、日本式の厳しい訓練を施しただけではなく、厳しい軍政を敷いて民衆を苦しめた。東南アジアの他の地区でもそうだったように、日本語を無理強いし、人々を強制連行して過酷な労働に従事させた。そうして日本軍はビルマ人たちに抜きがたい反感を植え付けていったのである。

その結果は、やがて反日義勇軍となって、英印軍側に走らせることになるのである。

インド洋作戦　英東洋艦隊を壊滅させた南雲機動部隊

驚異の命中弾37発、命中率82パーセント

南雲機動部隊インド洋に進出

インド洋作戦は陸軍のビルマ攻略作戦を支援するのが目的だった。ビルマ攻略作戦を進めるには、海路からの軍需物資輸送が不可欠だった。しかし、インド洋に浮かぶセイロン島（イギリスの直轄植民地。現スリランカ）には商港コロンボと軍港トリンコマリーという二つのイギリス軍拠点がある。ビルマへの海上輸送を安全に行うためには、まずこの二カ所にいる英艦隊と陸上の航空基地を撃滅しなければならない。そこで連合艦隊司令長官山本《やまもと》五十六《いそろく》大将は、南雲機動部隊にセイロン島攻撃を命じた。

昭和十七年（一九四二）三月二十六日、南雲忠一《なぐもちゅういち》中将率い

ビルマへの物資輸送の安全を確保するためには、セイロン島のコロンボとトリンコマリーを初めとする英軍戦力の拠点を叩いておく必要があった。写真はコロンボの市街地。

日本軍の攻撃を受ける英重巡「ドーセットシャー」と「コーンウォール」。写真右の「コーンウォール」の横腹には大きな水柱が上がっている。日本の攻撃で２隻はたちまち沈没した。

インド洋を征く97式艦上攻撃機と日本の駆逐艦。

る南方部隊機動部隊（第一航空艦隊基幹）は五隻の空母をともない、訓練地のセレベス島スターリング湾を出撃した。このとき空母「加賀」は暗礁に乗り上げて損傷し、作戦には参加できなかった。

当初、南雲機動部隊は攻撃を四月一日に予定していた。このとき連合艦隊司令部が置かれた巨艦「大和」は、本土の瀬戸内海に在り、南雲機動部隊とは無電でやりとりしていた。ハワイ真珠湾の米太平洋艦隊は、この日本海軍の暗号電文を解読してイギリス海軍に通報していた。日本艦隊の動きを知った英東洋艦隊を率いるサー・ジェームス・ソマービル大将は、日本艦隊の進路を予想し、三月三十一日にはセイロン島付近に進出して迎撃態勢を整えた。しかし日本艦隊は現れなかった。南雲機動部隊は準備が遅れ、攻撃予定日を四月五日に変更していたのである。

南雲機動部隊はコロンボに舳先《へさき》を向け、船脚を速めた。ところが艦隊は英軍の飛行艇に発見されてしまい、奇襲攻撃は絶望的になった。そのため四月五日に予定されているコロンボ空襲は、強襲攻撃で行うことになった。

勝利で戦訓を忘れた機動部隊の重大ミス

四月五日午前九時、コロンボに向けて第一次攻撃隊（戦闘機・零戦《れいせん》三六機、艦爆三六機、艦攻五三機）が空母を飛び立った。港には駆逐艦一隻と仮装巡洋艦一隻しかおらず、攻撃隊は簡単に撃沈した。コロンボ市郊外の飛行場にも飛行機の姿はない。攻撃を阻むものは英軍の対空砲火だけだ。思うような成果が上がらないため、攻撃隊隊長の淵田美津雄《ふちだみつお》中佐は、機動部隊司令部に「第二次攻撃の要あり」と打電した。

そこで南雲中将は、艦艇の攻撃に適した魚雷を着けて待機していた艦上攻撃機（艦攻）の兵装を、陸上攻撃用の爆弾に交換せよと命じた。いわゆる兵装転換命令である。そこに索敵《さくてき》機から「敵巡洋艦発見！」の報が入った。再び命令が飛んだ。爆弾への兵装転換を中止し、魚雷に戻せというのである。

そこにまた「敵艦は駆逐艦」という情報がもたらされたため、二五〇キロ爆弾を装備したまま待機していた艦上爆撃機（艦爆。急降下爆撃機ともいう）隊を発進させた。駆逐艦なら急降下爆撃でも十分と判断したからだが、結局、敵艦は巡洋艦だった。

南雲機動部隊の急降下爆撃機は２隻の重巡に続いて、軽空母「ハーミス」も撃沈した。写真は沈み行く「ハーミス」。

ちなみに当時は、重巡を沈めるには艦攻の八〇〇キロ爆弾か魚雷でなければ撃沈は無理であると考えられていた。しかし、結果は急降下爆撃でも十分に有効だったことが証明された。艦爆隊は英重巡「ドーセットシャー」と「コーンウォール」をあっさりと撃沈してしまったのである。そして重巡を撃沈したことで、第二次攻撃は中止になった。

四月九日早朝、機動部隊は零戦三七機、艦攻九一機でトリンコマリー軍港を攻撃した。攻撃隊は飛行場や軍事施設を空爆したが、日本軍の動きを事前に察知していた英軍は艦船を避難させていたため、戦果は微々たるものだった。

その攻撃隊が帰途についたとき、戦艦「榛名」の索敵機がセイロン島の東海上を走る敵駆逐艦三隻と軽空母一隻を発見した。江草隆繁《えぐさたかしげ》少佐率

インド洋で大戦果をあげた99式艦上爆撃機。

いる艦爆八五機と零戦六機が発艦、約一時間四〇分後にイギリス艦隊を発見した。軽空母は「ハーミス」だった。

江草少佐は「全員突撃！」を下命するや、真っ先に敵空母めがけて急降下に入っていった。「ハーミス」を攻撃した四五機の艦爆の命中弾は三七発で、なんと八二パーセントの命中率だった。やがて「ハーミス」は沈没し、世界で初めて飛行機に撃沈された空母となった。

インド洋作戦は日本の完勝だった。だが、この作戦には重大な戦訓が隠されていた。敵前での兵装転換の危険性である。通常、全機の装備を交換するには一時間から一時間半はかかる。その間、空母はほとんど無防備状態になる。もしこのとき敵機が飛来したら迎え撃つことができない。

インド洋作戦では幸運にも敵機の攻撃を受けなかったために、兵装転換のまずさは論じられなかった。そのためにのちのミッドウェー海戦でも同じ兵装転換を行い、決定的敗北を喫するのである。

第3章

前進を阻まれる日本軍

戦略なき作戦と米軍の情報戦に敗れる日本の前線部隊

1942年９月15日、サンクリストバル島の南方沖合で日本の潜水艦の魚雷攻撃を受け、撃沈される米空母「ワスプ」の最期。

ドゥーリットル空襲　日本を震撼させた米軍の大胆不敵な奇策

東京上空13機飛来！　総勢16機の空襲部隊

誰も予想もしなかった米軍の東京初空襲

一九四二年（昭和十七）四月十八日昼過ぎ、東京が米軍によって初めて空襲された。まったくの不意打ち攻撃だったので、国民はもとより、海と空の防衛の当事者である海軍の衝撃は大きかった。

東京から約五〇〇マイル東の空母から陸軍のB25重爆撃機を飛ばし、東京をはじめ日本の主要都市を空襲し、そのまま中国の基地へ向かうというこの作戦は、指揮官の名前をとって「ドゥーリットル空襲」と呼ぶ。指揮官はジェームズ・H・ドゥーリットル中佐。ドゥーリットルは一九二二年にアメリカ大陸横断飛行で新記録を樹立したこともあり、逆さ宙返り

空母「ホーネット」の甲板に並ぶ、出撃前のB25爆撃機。

出撃前のドゥーリットル隊。中央右がドゥーリットル中佐、左がミッチャー中将。

や計器飛行、計器着陸などの創始者としても知られる航空工学の権威であった。

B25を日本近海まで運ぶ空母には「ホーネット」が選ばれた。ドゥーリットル中佐は、フロリダ州エグリン軍用飛行場の滑走路に、「ホーネット」の飛行甲板の長さと同じ八〇九フィート（約二四六メートル）に標示を付けて約一カ月間、発艦訓練を繰り返していた。

そしてこの日四月十八日、午前八時二五分、ドゥーリットル中佐機を先頭に一六機のB25機は約一時間かけて全機がホーネットから発艦した。飛行は順調で、日本の戦闘機に出会うこともなく日本本土への侵入に成功した。そしてドゥーリットル機を含む一三機が東京上空に入って空爆をした。残り三機は名古屋、大阪、神戸に爆弾を投下した。

「ホーネット」を飛び立ち、日本空襲に向かうB25爆撃機。

ミッドウェー作戦を後押ししたドゥーリットル空襲

空襲後のドゥーリットル隊は、当初の計画では日本を横断して中国の浙江省《せっこうしょう》の潮州に降り、重慶にたどり着く予定であった。

しかし出発点が一五〇マイルも遠かったため、中国上空に達したときは夜になってしまった。B25は燃料が尽き、四機が不時着して大破、一一機の搭乗員はパラシュートで降下した。また一機はウラジオストクへ向かい、搭乗員はソ連に抑留された。

中国に降下した搭乗員のうち四名が溺死《できし》、一名が墜落死、日本軍に捕らえられた三名のうち二名が死刑、一名が獄死《ごくし》した。

結局、搭乗員八〇名のうち無事生還できたの

中国大陸着陸後、日本軍に捕まったドゥーリットル隊のパイロット。日本軍の捕虜になった３名のうち２名は処刑され、１名は病死した。

は七一名で、隊員たちは盛大な歓迎を受けて帰国した。

このドゥーリットル隊の空襲の被害は微々たるものだった。しかし、日本軍に与えた衝撃は大きかった。

当時、連合艦隊司令長官山本五十六《やまもといそろく》大将は、米機動部隊を叩くためのミッドウェー作戦案を軍令部に提出していた。しかし、真珠湾攻撃案のときと同様、軍令部は「危険が多すぎる」として認めようとしなかった。

ところが、米機動部隊の脅威をまざまざと見せつけられるにおよんで、山本のミッドウェー攻略案はあっさりと承認されたのだった。

MO作戦　世界初、空母と空母が対決した珊瑚海海戦

爆弾5発、魚雷2発が命中したレキシントン沈没

暗号解読で米軍に知られていたMO作戦

一九四二年（昭和十七）四月、開戦以来の南方進攻作戦を順調に進行させた日本軍は、オーストラリア北部への進撃を含む第二段作戦を計画した。この作戦の目的は、アメリカとオーストラリアの連絡線を分断し、オーストラリアが連合軍の反撃基地になることを阻止することだった。

そこで日本軍は、まずニューギニア東南部のポートモレスビーを攻略することになった。ポートモレスビーは現在のパプアニューギニアの首都で、当時はオーストラリアの委任統治領だった。そして同地を攻略後は、ここを基点としてニューカレドニア、フィジー、サモアなどを次々に占領する計画だった。

第４艦隊司令長官・井上成美中将。

チェスター・W・ニミッツ大将。

このポートモレスビー攻略作戦はMO作戦と名付けられ、オーストラリア軍の水上基地があるソロモン諸島のツラギも同時に攻略することになった。同作戦の総指揮官には第四艦隊司令長官井上成美《いのうえしげよし》中将が就《つ》いた。

連合艦隊は南雲機動部隊の中から、第五航空戦隊（司令官・原忠一少将）の新鋭空母「翔鶴《しょうかく》」と「瑞鶴《ずいかく》」を引き抜き、この二隻の空母を中心とした「MO機動部隊」（指揮官・高木武雄少将）を新編成して井上の指揮下においた。同時に、完成したばかりの軽空母「祥鳳《しょうほう》」が第六戦隊を主体とする「MO攻略部隊」（指揮官・五藤存知《ごとうありとも》少将）に編入された。

フランク・J・フレッチャー少将。

しかし米軍は、日本海軍の暗号解読により事前に察知していた。米太平洋艦隊司令長官ニミッツ大将は迎撃準備を進め、空母「ヨークタウン」と「レキシントン」などで第一七機動部隊を編成した。総指揮官にはフランク・J・フレッチャー少将を充《あ》てた。

魚雷と爆弾二〇発で軽空母「祥鳳」沈没する

五月七日早朝、「翔鶴」の索敵機《さくてきき》から「米空母一隻、駆逐艦三隻発見」の報告が入った。すぐに空母「翔鶴」「瑞鶴」から七八機の攻撃隊が発進した。だが目標地点に米空母の姿はなく、油槽艦「ネオショー」と護衛の駆逐艦「シムス」の二隻がいるのみだった。仕方なく攻撃隊はこの二隻を攻撃、撃沈して帰艦した。

一方の米機動部隊は、空母「ヨークタウン」から発進した索敵機から「日本艦隊発見」の報告を受けた。フレッチャー少将は、これを日本の空母部隊と判断し、九三機の大編隊を発艦させた。しかし、米索敵機が発見した日本艦隊は目的のMO機動部隊ではなく、四日にラバウルを出発した「祥鳳」を含むMO攻略部隊であった。

米軍の艦爆隊は空母「祥鳳」に攻撃を集中した。第一波はなんとか回避した「祥鳳」だったが、第二波は防げなかった。「祥鳳」は魚雷七発、爆弾一三発の命中弾を受けて火災を起こし、九時三三分沈没した。

米艦上機の攻撃で炎上し、沈没寸前の空母「祥鳳」。

空母一隻の撃沈と引き換えに大きな代償を払う

MO機動部隊の最初の攻撃が空振りに終わったあと、原忠一少将は熟練搭乗員のみで編成した夜間攻撃隊を出撃させた。艦攻一八機と艦爆一二機の合計三〇機が米空母の予想位置に到着したが、そこに米空母の姿はなかった。仕方なく帰艦することになったが、その帰路、攻撃隊は米軍戦闘機と遭遇して一三機を失い、多くの熟練搭乗員も同時に失ってしまった。

原少将は八日午前四時過ぎ、艦攻七機を使っての索敵を開始した。午前六時三〇分、「翔鶴」から発進した索敵機が米空母を発見した。午前七時一〇分、「翔鶴」から零戦《れいせん》九機、艦爆一九機、艦攻一〇機、「瑞鶴」から零戦九機、艦爆一四機、艦攻八機の合計六九機が出撃した。九時一〇分、攻撃隊は米機動部隊に対して攻撃を開始した。「瑞鶴」隊は二手に分かれて「レキシントン」と「ヨークタウン」に、「翔鶴」隊は全機「レキシントン」に襲いかかった。そして「レキシントン」には爆弾五発、魚雷二発が命中し、乗員二〇〇余名、艦載機三六機とともに沈没した。「ヨークタウン」も命中弾一発、至近弾二発を受けた。命中弾は飛行甲板を貫通して第四甲板倉庫で爆発したが、沈没はまぬがれていた。

日本軍の攻撃隊は全弾を投下したにもかかわらず、「ヨークタウン」はまだ戦闘行動を続けていた。攻撃隊は結局「ヨークタウン」にとどめを刺すことができずに帰途につくことになった。

日本軍の艦上機が米空母を攻撃しているころ、日本の空母「翔鶴」も米艦上機の攻撃を受けていた。

「レキシントン」の索敵機から「日本機動部隊発見」の報告を受け

「総員退去！」命令で、飛行甲板から海に飛び込む空母「レキシントン」の乗組員たち。

たフレッチャー隊は、戦闘機一五機、雷撃機二一機、爆撃機四六機を発進させ、八時三〇分に攻撃態勢に入った。「翔鶴」は米機の魚雷をすべてかわしたが、艦爆による三発の命中弾を浴びた。「翔鶴」は甲板が損傷を受け、攻撃機の発着艦ができなくなったため戦線を離脱した。

この珊瑚海《さんごかい》海戦は史上初の空母対空母の戦いだった。この戦いで五航戦は空母「翔鶴」が中破し、さらに熟練搭乗員の多くを失った。当時は正規空母一隻を撃沈した日本側の勝利といわれたが、長期的に見ると多くの飛行機と熟練搭乗員の損失は、日本軍にとって大きな痛手であったといえるだろう。

珊瑚海海戦編成表

●日本軍	●連合軍
MO 機動部隊 指揮官＝高木武雄少将 **本隊** 第５戦隊＝重巡・妙高、羽黒 駆逐艦２ **航空部隊（原忠一少将）** 第５航空戦隊＝空母・翔鶴、瑞鶴 駆逐艦４ **MO 攻略部隊** 指揮官＝五藤存知少将 **主隊** 第６戦隊＝空母・祥鳳、重巡４、駆逐艦１ **援護部隊** 第 18 戦隊＝軽巡・天龍、龍田 特設水上機母艦・神川丸、聖川丸 第５砲艦隊＝特設砲艦３隻 第 14 掃海隊＝特設掃海艇２隻 **ツラギ攻略部隊** 指揮官＝志摩清英少将 敷設艦・沖島、駆逐艦２隻、 特設掃海艇７隻、 特設運送艇２隻ポートモレスピー攻略部隊 軽巡・夕張、敷設艦・津軽、駆逐艦６隻、 掃海艇１隻、海軍輸送船６隻、陸軍輸送船６隻（他に潜水艦２、給油艦等２）	**第 17 任務部隊** 指揮官＝F・J・フレッチャー少将 **第2群（トーマス・C・キンケード少将）** 重巡・ミネアポリス、ニューオーリンズ、アストリア、チェスター、ポートランド 駆逐艦・フエルフス、デューウイ、ファラガット、エールウイン、モナガン **第3群（J・G・クレース英軍少将）** 豪重巡・オーストラリア、米重巡・シカゴ 豪軽巡・ホバート 駆逐艦・パーキンス、ウオーク **第5群（オーフリー・W・フィッチ少将）** 空母・ヨークタウン、レキシントン 駆逐艦・モリス、アンダーソン、ハンマン、ラッセル **第6群＝駆逐艦2隻、油槽船2隻** **第9群＝水上機母艦1**

ミッドウェー作戦　暗号解読で惨敗したミッドウェー作戦

虎の子の空母4隻を失う大敗北

山本長官の執念で決定したミッドウェー作戦

連合艦隊司令長官の山本五十六大将は、米機動部隊が健在であるかぎり、いつかは日本本土が空襲されると考えていた。米軍の本土空襲を阻止するためには、米機動部隊を壊滅させる以外に方法はない。山本が開戦前に周囲の反対を押しきって、強引に真珠湾攻撃を行ったのも、そこが米太平洋艦隊の根拠地であったからである。

真珠湾攻撃の成功後、海軍軍令部と連合艦隊司令部は第二段作戦の計画に入った。そんな中の一九四二年（昭和十七）二月一日、米空母部隊が日本の委任統治領のマーシャル諸島を空襲、砲爆撃を行った。さらに米機動部隊は二月二十日に

ミッドウェー島の遠景。上がサンド島、下がイースタン島。イースタン島には滑走路があるのが見える。

はラバウルを襲い、二十四日にはウェーク島を砲爆撃し、三月四日には南鳥島を空爆した。

山本は米軍の一連の動きから日本本土が空襲されるのを恐れた。そして、山本の心の中に米機動部隊壊滅作戦がより大きな比重を占めるようになった。その具体的な作戦案がミッドウェー作戦となったのである。

山本の考えた作戦内容は、まず機動部隊が航空戦力でミッドウェー島の基地を叩き、その後攻略部隊が上陸する。この動きを見て米機動部隊が反撃のため現れたら、それを撃滅するというものだった。しかし、この作戦に軍令部は反対した。作戦が危険なことはもとより、米機動部隊が誘いに乗るかどうかも疑問であり、攻略後にミッドウェー島を保持するのも容易ではないと判断したからである。

だが、山本は引かなかった。

「もしこの案が通らなければ長官を辞任する」と、真珠湾作戦のときと同じ切り札を使ったのだった。そして結果もまた真珠湾のときと同じであり、山本のごり押しが軍令部に勝り、ミッドウェー作戦は行われることになった。

空母から発艦する日本の攻撃隊。

米軍に筒抜けだった日本の作戦計画

米軍は、日米開戦前から日本の暗号解読に取り組んでおり、この頃にはかなり解読できるようになっていた。

昭和十七年五月五日、日本の軍令部は連合艦隊に対してミッドウェー作戦に関する正式な作戦命令をくだした。連合艦隊は「陸軍ト協力シＡＦ及ビＡＯ西部要地ヲ攻略スベシ」という内容である。ＡＦはミッドウェー、ＡＯはアリューシャン列島の地名略語であった。

ハワイの暗号解読班は、五月初旬から頻繁《ひんぱん》に使われ始めたこのＡＦとＡＯに注目した。日本軍の暗号の癖から、ＡＦとＡＯが占領目的地であることを推測すると、次はＡＦがどこであるかを検討した。

暗号解読班は過去に傍受した日本海軍の通信文のなかで「ＡＦ」が使われていたことを思い出し、それがミッドウェーの可能性が強いと推定した。暗号解読班はＡＦがミッドウェーであるという確証を得るために、ミッドウェー島の守備隊に「ミッドウェーでは蒸留装置の故障で真水が不

攻撃準備中の空母「エンタープライズ」の甲板に並ぶＳＢＤドーントレス爆撃機。

足している」と、平文の電報をハワイの司令部宛てに発信させた。

この平文を傍受したウェーク島の日本軍は、「AFは現在、真水が欠乏している」と東京へ打電した。日本軍はまんまと米軍の罠《わな》にかかったのである。

さらに米軍は暗号の解読を進め、ついには日本軍のミッドウェー作戦の概要をほぼつかんでしまった。空母が四隻参加することを知ったニミッツ長官は、珊瑚海海戦で大破し、修理に三カ月はかかるはずの空母「ヨークタウン」の修理を「三日間で済ませよ」と命令した。そして、実際に三日間で修理を完了させ、すでにミッドウェー海域へ向かっている「ホーネット」、「エンタープライズ」と合流させたのだった。

ミッドウェー海戦編成表

●日本軍

主力部隊
　指揮官＝山本五十六大将
機動部隊（南雲忠一中将）
　空襲部隊
　　第１航空戦隊＝空母・赤城、加賀
　　第２航空戦隊＝空母・飛龍、蒼龍
　支援部隊
　　第８戦隊＝重巡・利根、筑摩
　　第３戦隊第２小隊＝戦艦・霧島、榛名
　警戒隊
　　第10戦隊＝軽巡・長良、駆逐艦12
主隊
　本隊
　　第１戦隊＝戦艦・大和、陸奥、長門
　警戒隊
　　第３水雷戦隊＝軽巡・川内、駆逐艦8
　空母隊
　　空母・鳳翔、駆逐隊・夕月
　特務隊
　　潜水母艦・千代田、水上機母艦・日進
警戒部隊
　本隊
　　第２戦隊＝戦艦・伊勢、日向、山城、扶桑
　警戒隊
　　第９戦隊＝重巡・北上、大井
　　駆逐艦９
　攻略部隊（近藤信近中将）
　　本隊＝空母・瑞鳳
　　戦艦２、重巡４、軽巡１、駆逐艦８

●アメリカ軍

　指揮官＝ニミッツ大将
空母警戒隊（フレッチャー少将）
　第17任務部隊（フレッチャー少将）
　　空母・ヨークタウン
　　重巡・アストリア、ポートランド
　　駆逐艦６
　第16任務部隊（スプルーアンス少将）
　　空母・エンタープライズ、ホーネット
　　重巡・ニューオーリンズ、ミネアポリス、
　　ビンセンズ、ノーザンプトン、ペンサコラ
　　軽巡１、駆逐艦９
補給部隊＝駆逐艦２、油槽船２

米機動部隊の存在を知らずに第一次攻撃隊発進

昭和十七年五月二十七日、南雲忠一《なぐもちゅういち》中将率いる第一機動部隊（第一航空艦隊）は六月五日の作戦開始をめざし広島湾を出撃した。旗艦の空母「赤城」をはじめ、参加する艦艇は一五〇隻、航空機一〇〇〇機以上、参加将兵数も一〇万人を超えるという史上空前の作戦である。

一方の米軍はミッドウェー島を守備する二四三八名の海兵隊と、ミッドウェー海軍基地隊の一四九四名。旧式の急降下爆撃機や哨戒機を含む一二一機の航空機である。空母群はスプルーアンス少将率いる「エンタープライズ」「ホーネット」を中心とする第一六任務部隊と、珊瑚海海戦で大破したフレッチャー少将の「ヨークタウン」の三隻だった。日本側の空母が四隻であるから、単純に兵力を比較してみると日本が有利であった。

日本側は山本五十六司令長官自らが率いる「主力部隊」も出撃していた。戦艦「大和」を旗艦とした戦艦七隻の第一戦隊である。しかし、その場所は南雲機動部隊の約三〇〇浬《かいり》も後方だった。

六月四日、その「大和」の連合艦隊司令部に、大本営から「敵機動部隊らしきものがミッドウェー方面に行動中の兆候《ちょうこう》があり」

空母「エンタープライズ」から出撃する米軍機。手前に見えるのは垂直尾翼。

との情報が届いた。しかし、「大和」は敵に傍受されることを恐れて南雲機動部隊に転電しなかった。当然この情報は南雲中将座乗の空母「赤城」にも届いていると判断したからである。しかし空母である「赤城」は、戦艦にくらべて艦橋が低く、アンテナの位置も低いためにこの電文を傍受することができなかったのだ。後から考えてみると、この電文はミッドウェー作戦において日本軍の最初にして最後のチャンスであったといえる。

日本軍の攻撃を受けて炎上するミッドウェー島の米軍施設。

日米の明暗をわけた「運命の五分間」とは

米機動部隊が存在するのを知らない南雲機動部隊は、六月五日午前一時三〇分、ミッドウェー島を攻撃するために友永丈市《ともながじょういち》大尉率いる第一次攻撃隊一〇八機を発艦させた。この第一次攻撃隊の出撃と前後して、七機の索敵機が発艦した。ただし、利根四号機はカタパルトの故障で三〇分遅れで発艦した。

四空母の残った艦上攻撃機には敵艦隊攻撃用の八〇〇キロ魚雷を、艦上爆撃機には二五〇キロ爆弾を装着、第二次攻撃隊（全一〇八機）として待機させた。

第一次攻撃隊はミッドウェー島上空に達したが、基地には米軍機の姿はなかった。すでに基地の飛行機は上空に退避するか、日本艦隊攻撃に出動していたのである。そこで攻撃隊は飛行場を含む基地施設に爆撃を加えた。しかし、一回の爆撃では滑走路を完全に破壊することはできなかった。友永大尉は午前四時ごろ、「第二次攻撃の要あり」と機動部隊に報告した。この報告を受けて第二次攻撃隊は一度取り付けた艦艇攻撃用の魚雷をはずし、陸上攻撃の爆装に転換する作業を行うことになった。

ところが、その作業中の午前四時二八分、カタパルトが故障し遅れて発艦した利根機から、ミッドウェー島の北方に「敵らしきもの一〇隻見ゆ」という報告が入った。南雲中将は艦攻隊に魚雷装備の再転換命令を命じた。八〇〇キロ爆弾をはずして、魚雷を装着するのだから簡単な作業ではない。

このとき「飛龍《ひりゅう》」艦上の山口多聞《やまぐちたもん》少将は「現装備のまま攻撃隊ただちに発進せしむを正当と認む」という発光信号を南雲に送った。とにかく爆弾でもいいから一時も早く敵空母を攻撃すべしというのだ。しかし南雲長官も草鹿龍之介《くさかりゅうのすけ》参謀長も山口少将の意見を無視した。これが日本軍の運命を決めることになった。

兵装転換でごった返す各空母に、攻撃を終えた第一次攻撃隊が戻ってきた。各機はすでに燃料切れ間近のため、各空母は攻撃隊を収容しなければならない。魚雷への兵装転換を終え、甲板に並べられていた第二次攻撃機は格納庫にいったん下ろさなければならない。空母の甲板上は大混乱に陥っていた。

そして兵装転換に追われた第二次攻撃隊の準備がやっと整ったのは午前七時二〇分。各空母から攻撃隊が発艦し始めるのと同時に、米空母の急降下爆撃機ＳＢＤドーントレスの編隊が襲ってきた。「赤城《あかぎ》」「加賀《かが》」「蒼龍《そうりゅう》」の甲板に並んでいた爆撃機は次々と爆発し、三隻の空母は一気に炎に包まれた。三空母の機能は完全に麻痺《まひ》し、戦闘力を失った。

これが「運命の五分間」と呼ばれるものである。万が一、米急降下爆撃機があと五分遅く来襲していたら、四空母の航空機はすべて発艦が終了していたはずである。甲板上に航空機は残っていないのだから、航空機の装着していた爆弾や燃料の誘爆は防げたはずであった。

三空母からかなり離れたところにあった「飛龍」だけは、まだ健在だった。座乗の山口少将は、ただちに艦上爆撃機一八機、艦上攻撃機一〇機を発進させ、米空母の攻撃を命じた。攻撃隊は米空母「ヨークタウン」を発見すると爆弾

最後まで生き残っていた空母「飛龍」も、ついに最期を迎えた…。

傾きながら炎上する米空母「ヨークタウン」。

空母「飛龍」と運命をともにした山口多聞少将（第２航戦司令官）。

空母「飛龍」の艦上機の攻撃を受ける「ヨークタウン」。

三発、魚雷二発の命中弾を与えた。

最後まで生き残っていた「飛龍」も、急降下爆撃機四〇機の襲撃を受け、四発の四五〇キロ爆弾を浴びて戦闘力を失った。加来止男《かくとめお》艦長は総員退去を命じた。しかし山口司令官と加来艦長は退艦しようとしなかった。翌六月六日午前五時一〇分、「飛龍」は駆逐艦「巻雲《まきぐも》」によって自沈処理され、二人の指揮官とともに海中に姿を消した。

一方、「加賀」は全艦を炎につつまれ、五日の午後七時二六分、大爆発を起こして沈没。「赤城」は六日午前四時五〇分、駆逐隊に雷撃処分され、「蒼龍」は五日の午後七時一五分に沈没した。

このミッドウェー海戦で、日本軍は虎の子の空母を四隻も失う大敗北を喫した。そして、ここで失った貴重な戦力はその後挽回することはできず、日本軍は敗退への道を突き進むのだった。

ポートモレスビー攻略作戦　オーエンスタンレー山脈に阻まれる南海支隊

2週間分の食料だけを持ってジャングルへ

ジャングルと飢えに苦しんだ南海支隊

ＭＯ作戦は中止となったが、日本軍は東部ニューギニアのポートモレスビー占領をあきらめなかった。連合軍のラバウル空襲は日ごとに激しくなっており、その発進基地であるポートモレスビーはどうしても叩いておく必要があると考えたからである。

海からの攻略は珊瑚海海戦の影響で失敗している。次は陸路から攻めるという単純な理由から、二〜三〇〇〇メートル級の山々が連なるオーエンスタンレー山脈を踏破して約三六〇キロ、ポートモレスビーを背後から攻略することになった。作戦を担当するのはニューブリテン島のラバウルに進出していた陸軍の南海支隊に決まった。

ポートモレスビーの飛行場。

珊瑚海海戦から三カ月経った一九四二年（昭和十七）八月十八日、南海支隊はブナ北西のパサブアに上陸した。支隊長の堀井富太郎《ほりいとみたろう》少将は、初めから補給が続かないことを予測していた。そのため、将兵たちは各自二週間分の食糧（一日分米五合）と運べるだけの弾薬とともにジャングルへ足を踏み入れた。

ココダまではかろうじて道があり、苦労をしながらではあるが進軍することができた。しかし、次第に標高が高くなりジャングルの奥深くに進むようになるにつれ、オーストラリア軍を主とする連合軍の待ち伏せ攻撃が増えてきた。オーストラリア軍は適当に戦っては退却する戦法をとっていた。それに加え、慣れないジャングル内の進撃で南海支隊は疲弊《ひへい》してきた。食糧も尽きかけ、マラリアにかかる兵士もあらわれはじめた。

それでも一カ月後にはポートモレスビーの五〇キロ手前、目前に街の灯が望めるイオリバイワに到達することができた。しかし、ここまでだった。九月二十五日、第一七軍司令部から撤退命令が出たのである。そのころソロモン諸島のガダルカナルでは戦闘が始まっており、第一七軍は南海支隊への補給に兵力を割《さ》くことが難しくなっていたのだ。

退却する南海支隊は悲惨をきわめた。食糧がないので兵は飢えに苦しんでいた。そのうえ、マラリアで倒れた患者を背負わなければならない。もちろん、当然のようにオーストラリア軍の追撃もある。将兵たちはボロボロの姿になって出発点であったブナにたどり着いた。しかし、そこにはすでに連合軍が上陸し、日本軍と死闘を始めていたのだった。

ガダルカナルの攻防① 米軍が開始した初の対日本格反撃戦

わずか6分で勝利した第一次ソロモン海戦

発端は米軍のガ島飛行場占領だった

日本海軍はミッドウェー海戦に敗れてから一カ月後の一九四二年（昭和十七）六月十六日、ガダルカナル島へ上陸した。その狙いは、ラバウル以南に飛行場を持たない日本軍にとって、ガダルカナルに飛行場を建設し、そこを前進基地にする必要があったのだ。

飛行場の建設は七月一日からはじまり、八月七日にはほぼ滑走路ができあがった。その滑走路が完成した同日、米海兵隊約二万が二三隻の輸送船に分乗し、重巡六、軽巡二、駆逐艦一二隻に護衛されながら上陸してきた。

このとき、ガ島には飛行場建設要員二五〇〇名と約二五〇

日本軍がガ島に建設した飛行場。

名の陸戦隊がいたが、戦力の差は歴然で、飛行場はたちまち米軍に占領されてしまった。日本軍は背後のジャングルに逃げこみ、息を潜めている以外に方法がなかった。

米軍はガ島に上陸する直前に対岸の小島ツラギにも上陸し、日本海軍の呉《くれ》第三特別陸戦隊の一部、第七設営隊の一部、さらには横浜航空隊水上機隊を壊滅させていた。

日本艦隊の圧勝に終わった第一次ソロモン海戦

米軍のガ島上陸の報を受けた日本軍は、すぐさま第二五航空戦隊の零戦一八、艦爆九、艦攻二七機をラバウルから出撃させた。この爆撃隊は、迎撃の米機二一機を撃墜、さらにガ島の周辺海域に碇泊中の艦船を爆撃したが、それ以外に特別な被害を与えられなかった。

さらにラバウルを泊地とする三川軍一《みかわぐんいち》中将率いる第八艦隊もその日の午後にはガ島へと出撃していった。

八日午後一〇時、三川中将は戦闘用意の命令を下した。艦

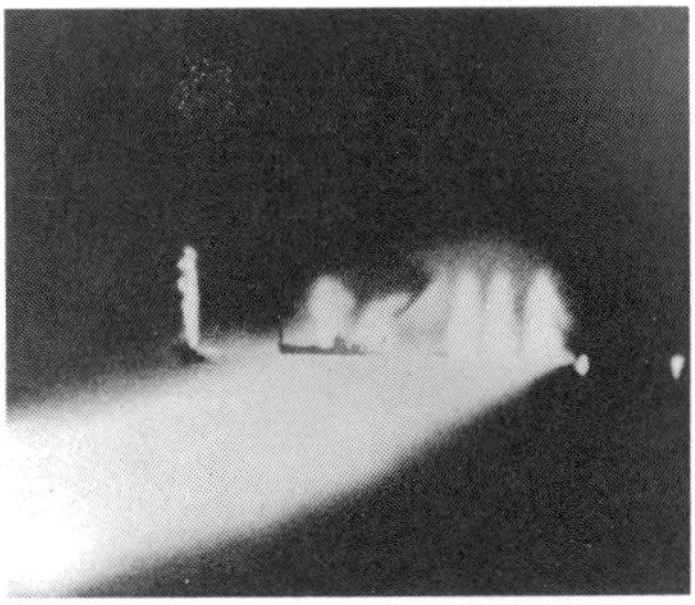
第１次ソロモン海戦。闇の中、探照灯に浮かび上がった米艦船。

小休止する米海兵隊。

隊は「鳥海《ちょうかい》」を先頭に「青葉」「加古」「衣笠」「古鷹《ふるたか》」「天龍」「夕張」「夕凪《ゆうなぎ》」の順に単縦陣をとり、速力を三〇ノットに上げ、一挙にガ島とツラギ間の狭い水道に突入していった。

午後一一時三一分、三川中将は「全軍突撃」を命じた。各艦ともいっせいに魚雷を発射し、上空で待機していた照明機は吊光弾《ちょうこうだん》を投下した。

砲撃が始まり、「天龍」は「パターソン」と撃ち合い、撃沈した。「古鷹」は「ジャービス」に魚雷を発射した。駆逐艦「夕凪」は主戦場の後方にあって「シカゴ」を雷撃、撃沈し、さらに「ジャービス」に砲撃を加えて大破させた。その間、たったの六分だった。

飛行場奪還を図ったが、一夜にして全滅した一木支隊。

第八艦隊はすかさずツラギ沖の北方部隊攻撃に向かった。各艦の砲撃が始まり、まず「アストリア」、続いて「クインシー」「ビンセンズ」と次々命中させた。

のちに「第一次ソロモン海戦」と呼ばれるようになるこの海戦で、米艦隊は重巡四隻を失い、重巡一、駆逐艦二隻が大破した。死者は一二七〇名、負傷七〇九名だった。日本側は「鳥海」の一番砲塔が吹きとばされただけで、死傷者も三四名と少なく、日本軍の圧勝だった。

まったく歯が立たなかった一木支隊先遣隊の夜襲

第八艦隊による第一次ソロモン海戦の成功を受けて、陸海軍はガ島奪回のため共同作戦をとることになった。そしてミッドウェー島攻略部隊としてグアム島に待機中だった兵力二四〇〇名の一《いち》木《き》支隊（歩兵第二八連隊長・一木清直《きよなお》大佐指揮）と、兵力六一六人の横須賀海軍特別陸戦隊（安田義達司令指揮）をガ島に送り込むことにした。

まず一木支隊の一部九一六名が先遣隊となり、八月十八日の夜、ガ島のタイボ岬に上陸した。一木先遣隊は後続の主力部隊の到着を待たずに、二十一日の飛行場奪回を期してタイボ岬を出発した。一木大佐は上級司令部から「敵兵力は二〇〇〇名」と教えられていたため、現有戦力でも十分対抗し得ると考えたからである。しかし、実際の米兵力は一万名を超えており、さらに日本軍の攻撃を万全の態勢で待

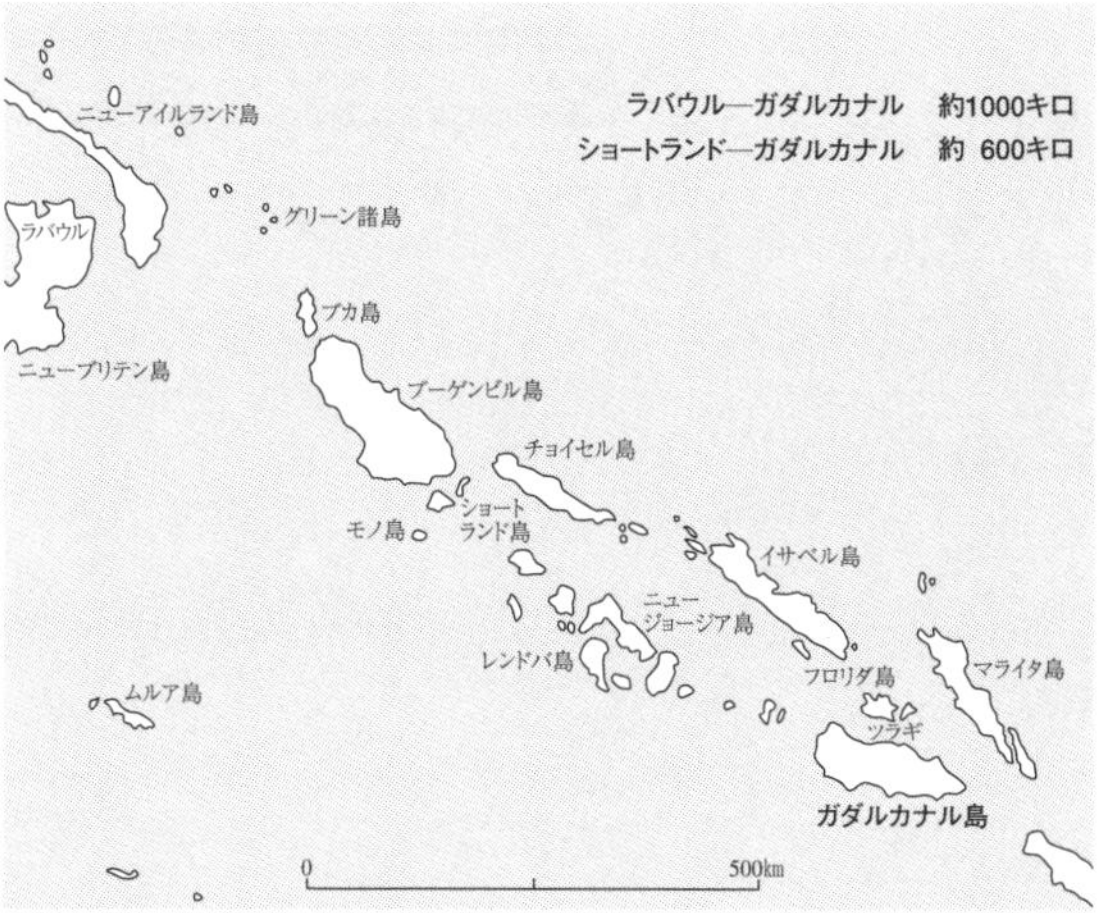

ちかまえていたのだ。そのため夜襲をかけた一木支隊は、米軍の猛反撃の前に為《な》す術《すべ》もなく全滅してしまった。

八月二十三日から二十五日にかけて第二次ソロモン海戦が起こった。この海戦に日本軍は大型空母「翔鶴」「瑞鶴」、小型空母「龍驤《りゅうじょう》」を参加させた。一方の米軍も「サラトガ」「エンタープライズ」「ワスプ」の三空母を出撃させた。戦いは航空撃滅戦になった。日本は「龍驤」を沈められ、零戦三〇機、艦爆二三機、艦攻六機、水偵三機を失った。米軍は「エンタープライズ」中破（二カ月後には戦列復帰）、艦上機二〇機を失っただけだった。

米軍のレーダーに敗れたサボ島沖夜戦

一木支隊の先遣隊が全滅したため、日本軍は急遽川口支隊と一木支隊の本隊を送り込んだ。川口支隊

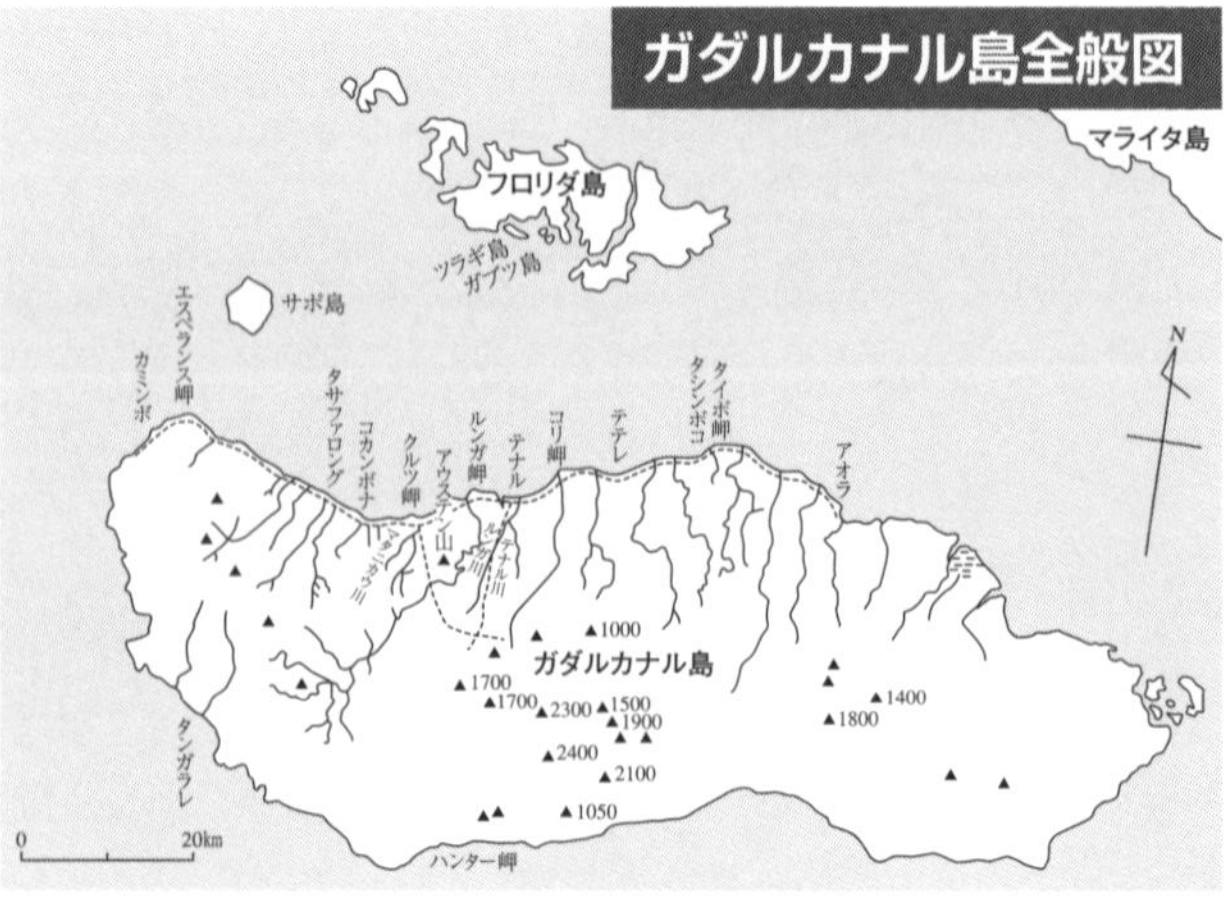

ガダルカナル島全般図

は福岡の第三五旅団（旅団長・川口清健《きよたけ》少将）を主力にした約五四〇〇名で、八月二十九日夜半、ガ島に上陸した。そして九月十二日、川口支隊は米軍に対して総攻撃を行ったが、結果は一木支隊と同じく惨敗であった。

ガ島に上陸した日本軍は一週間ほどの食糧しか携帯していなかった。そのため、このころからガ島の日本軍は飢餓《きが》に苦しめられるようになる。やがて餓死者が出始め、ガ島は餓《が》島となっていく。しかし、日本軍はガ島の奪還をあきらめなかった。大本営は兵力一万余の第二師団主力を上陸させることにした。

十月九日、第二師団がガ島に上陸した。第二師団の重火器、弾薬、食糧は十月十四日から十五日にかけて六隻の輸送船で送られることになっていた。この輸送船団を護衛するため出撃した第六戦隊（重巡三隻、駆逐艦二隻）は十月十一日深夜、ガ島エスペランス岬沖のサボ島付近で米軍の巡洋艦部隊と遭遇した。これが「サボ島沖夜戦」である。

米軍はレーダーによって日本艦隊の接近を知っており、日本軍はいわば待ち伏せされていたのだった。結果は日本は重巡「古鷹」、駆逐艦「吹雪」が沈没、重巡「青葉」が大破、重巡「衣笠」が小破した。米軍は駆逐艦一隻が沈没、軽巡一隻と駆逐艦一隻が大破、重巡一隻が小破した。徹底した訓練で夜戦に絶対の自信を持っていた日本海軍の神話は、この夜、最新兵器の威力に打ち砕かれたのである。

ガダルカナルの攻防②　総攻撃失敗と南太平洋海戦の苦い勝利

1人の死者も出さずに敵空母ホーネット撃沈

第二師団の総攻撃と日米空母部隊の激突

ガ島に上陸した第二師団は、「ヘンダーソン飛行場」と名を変えていたルンガ飛行場を背後のジャングルから攻撃することにした。そのため、ジャングル内に空中から発見されないよう、工兵隊が兵士一人が通れるだけの道を切り開いた。

第二師団の総攻撃は十月二十四日に始まった。切り開いた道もジャングルの地形が予想以上に険しかったため、せっかく輸送した戦車も重火器も運べなかった。そのため、夜間の銃剣突撃とならざるを得なかった。そして結果は、一木支隊、川口支隊と同じく惨憺《さんたん》たるものになった。米軍は周辺にマイクロフォンを仕込み、日本軍の動きを音で察知していた。そして音のする方向に砲撃を集中させたのである。日本兵は、闇の中から突然集中攻撃を受けるのである。日本軍には為《な》す術《すべ》

日本軍から奪取したあと、拡張・整備されたヘンダーソン飛行場。

がなかった。

　総攻撃は翌二十五日にも行われたが、結果はまったく同じだった。生き残った将兵たちはもと来た山道を敗走した。

　この第二師団の総攻撃に呼応して、南雲忠一《なぐもちゅういち》中将率いる機動部隊（第三艦隊）は、ガ島周辺の米艦隊撃滅のため行動を開始した。空母四隻、重巡八隻、軽巡三隻、駆逐艦二八隻、潜水艦一二隻という大艦隊である。

　一方、米軍は第二次ソロモン海戦で損傷した「エンタープライズ」の修理が完了し、二十四日に「ホーネット」と合流することができた。指揮官は「エンタープライズ」に座乗して

空母「エンタープライズ」の上空を飛ぶ米艦機。

南太平洋海戦編成表

●日本軍

機動部隊
指揮官＝南雲忠一中将
第１航空戦隊＝空母・翔鶴、瑞鶴、瑞鳳、重巡・熊野、駆逐艦８

前衛部隊
第 11 戦隊＝戦艦・比叡、霧島
第７戦隊＝重巡・利根、筑摩
第８戦隊＝重巡・鈴谷
第 10 戦隊（水雷戦隊）＝軽巡・長良
第 10 駆逐隊＝駆逐艦４
油槽船・国洋丸、東栄丸、旭東丸、豊光丸、日朗丸、第二共栄丸
駆逐艦１

前進部隊
指揮官＝近藤信竹中将
第４戦隊＝重巡・愛宕、高雄
第３戦隊＝重巡・金剛、榛名
第５戦隊＝重巡・妙高、摩耶
第２航空戦隊＝空母・隼鷹
第２水雷戦隊＝軽巡・五十鈴
駆逐艦９、油槽船４

●アメリカ軍
指揮官＝キンケード少将

第 16 任務部隊
空母・エンタープライズ
戦艦１、重巡１、軽巡１、駆逐艦８

第 17 任務部隊
空母・ホーネット
重巡２、軽巡２、駆逐艦６

いるトーマス・C・キンケード少将で、日本艦隊と全面対決の構えをとった。

十月二十六日早朝、日本軍の索敵機《さくてきき》がサンタクルーズ諸島の北一〇〇浬《かいり》に米機動部隊を発見した。ほぼ同時に米索敵機も日本艦隊を発見する。

機動部隊の各母艦からは第一次攻撃隊（零戦二一機、艦爆二一機、艦攻二〇機の計六二機）が発艦。続いて「瑞鶴」から零戦五機、艦爆一九機と、「翔鶴」から零戦四機、艦攻一六機の計四四機の第二次攻撃隊が発艦した。

日本軍の急降下爆撃を必死で回避する「エンタープライズ」。上空の黒煙は、米艦艇が応戦した砲煙。

米軍も「ホーネット」から艦爆一五機、艦攻六機、艦戦八機の計二九機が発進し、続いて「エンタープライズ」からも艦爆三機、艦攻八機、艦戦八機の計一九機が発進した。

午前六時五五分、第一次攻撃隊は空母「ホーネット」を中心とする敵艦隊を発見し、全機が突撃した。そして二五〇キロ爆弾六発以上、魚雷二発以上を命中させ、「ホーネット」を航行不能にした。

第二次攻撃隊の翔鶴隊は「エンタープライズ」を狙った。遅れてきた瑞鶴隊も戦闘に加わった。この攻撃で「エンタープライズ」は飛行甲板に三発の爆弾が命中したが、致命傷にはならなかった。

一方、日本の機動部隊は午前七時二七分から、米軍の艦爆機の攻撃を受け始めていた。「翔鶴」は飛行甲板に命中爆弾四発を受け、飛行機の発着が不能となり、火災も起きていた。火災は一時間後には消されたが、「翔鶴」にあった第三艦隊司令部は駆逐艦「嵐」に移り、「瑞鳳」とともにトラック島に回航されることになった。また、前衛部隊の重巡洋艦「筑摩」も四発の爆弾を受けて副長以下一九二名が戦死し、九五名の重軽傷者を出していた。

日本海軍最後の勝利、南太平洋海戦

前進部隊からも第一次攻撃隊が発進した。そして午前九時二〇分、「エンタープライズ」上空に達し、攻撃を開始した。しかし、米側の損害は空母「エンタープライズ」、戦艦「サウスダコタ」、防空巡洋艦「サンジュアン」がそれぞれ軽い損傷を受けただけだった。

一一時六分、「隼鷹《じゅんよう》」から発進した第二次攻撃隊は、応急修理を終えた「ホーネット」部隊を発見した。艦攻隊は「ホーネット」のみを標的にして攻撃を開始した。

日本軍機の攻撃を受ける「エンタープライズ」。

日本軍の攻撃を受けた直後の「エンタープライズ」。甲板上の艦載機を避難させている。

「ホーネット」めがけて急降下爆撃を行う艦爆機。

一一時一五分、機動部隊の「瑞鶴」から第三次攻撃隊が発進した。そして交戦中の第二次攻撃隊に続いて「ホーネット」に対し水平爆撃を開始した。水平爆撃とは、高空から八〇〇キロ爆弾を投下することである。

攻撃終了後、第三次攻撃隊は一人の負傷者も出すことなく全機帰還し、「ホーネット」を漂流に追い込んだ。また、途中から南雲中将に代わって指揮を執《と》った角田《かくた》覚治《かくじ》少将は、前進部隊の「隼鷹」から第三次攻撃隊を発進させ、「ホーネット」にとどめの攻撃を行った。同時に駆逐艦「巻雲」と「秋雲」を漂う「ホーネット」に急行させ、魚雷を撃ち込んで午後一一時三五分に撃沈した。

こうしてガ島をめぐる海上の攻防戦は終わった。アメリカではサンタクルーズ諸島沖海戦といい、日本が南太平洋海戦と呼んだこの海戦こそ、日本海軍にとっては最後の勝利となった。

ガダルカナル島の攻防③

餓島に見捨てられた「生きている英霊」

日本軍の死者約2万3000人を出した餓島

丸腰で上陸した第三八師団

第二師団の総攻撃も失敗に終わったが、それでも日本軍はガ島奪回をあきらめなかった。新たに第三八師団と舞鶴海軍第四特別陸戦隊の合計一万三五〇〇名の投入を決めたのだ。

一九四二年（昭和十七）十一月十四日、ガ島へ急行中の増援部隊を乗せた船団は、午前六時から午後四時ごろまでに七次にわたる空爆を受け、六隻が沈没、戦死四五〇名を出した。海上に放り出された約五〇〇〇名の将兵と乗員は、残存の輸送船や駆逐艦に分乗させられて、それでもガ島をめざし、十一月十五日午前二

ガダルカナル島の海岸に乗り上げて強行揚陸した日本軍の輸送船「鬼怒川丸」。

時、タサファロング海岸に乗りあげて強行揚陸を開始した。兵員は無事に上陸し、軍需品の揚陸も順調に進んでいたが、夜明けとともに米軍の空襲が始まった。この空襲で海岸に積み上げられていた食糧や武器、弾薬のほぼすべてが消失してしまった。上陸した兵には、武器弾薬も食糧もなくなったのである。それは、すぐさま飢餓地獄がやってくることを意味していた。

飢餓地獄の中に出された「転進」という名のガ島撤退

この第三八師団を中心とする増援部隊のガ島上陸に呼応して、海上では日米の艦隊が小競り合いを繰り返していた。

第三次ソロモン海戦は第三八師団をガ島へ輸送する最中《さなか》に起きた。一一隻の輸送船とともにショートランド島を出撃した輸送船団には、支援部隊として第八艦隊から旗艦「鳥海」のほか重巡「衣笠」、軽巡「五十鈴《いすず》」のほか駆逐艦二隻が出動した。さらに戦艦「比叡」「霧島」を中核とする挺《てい》身《しん》攻撃隊を編成し、ヘンダーソン飛行場を砲撃することになった。

十一月十二日午後一一時半、挺身攻撃隊がガ島タサファロング岬沖に達したとき、米艦隊と遭遇し砲撃戦になった。双方とも損害が大きく、米軍は軽巡「アトランタ」「ジュノー」が沈没、駆逐艦三隻が大破した。日本側は「比叡」が大破し、翌日自沈。「夕立」「暁」が沈没したほか駆逐艦四隻が損傷した。

翌十三日の深夜、重巡「摩耶《まや》」「鈴谷《すずや》」はヘンダーソン飛行場に艦砲射撃を敢行した。両艦は飛行場に向けて約一〇〇〇発の二〇センチ砲弾を撃ち込んだ。この混乱に乗じて、輸送船団を上陸させようとしたのだが、輸送船団は十四日朝、空母「エンタープライズ」から発進した攻撃機の爆撃を受け、七隻が沈没した。そして、前夜、ヘンダーソン飛行場を砲撃し

水雷戦隊によるネズミ輸送も、海軍側から「駆逐艦の損害が多すぎる」という申し出で、間もなく中止される。

ガ島は文字どおり「餓島」と化していた。島のいたるところに日本兵の死体が放置され、死臭が漂っていた。

た艦隊も攻撃を受け、重巡「衣笠」が沈没した。

ガ島への物資の輸送が困難になった日本軍は、苦肉の策として「ネズミ輸送」と名付けた非常手段に頼るほかなくなった。これは、弾薬や食糧などの物資を詰め込んだドラム缶を駆逐艦に積んでガ島の海岸にできるだけ近寄り、海中に投入する。そして、海中に浮いているドラム缶を陸上部隊が小舟を使って拾い上げるというものだった。

十一月三十日、海上にドラム缶を投下している最中に、ネズミ輸送隊は米艦隊と遭遇し海戦になった。のちに「ルンガ沖夜戦」と呼ばれる海戦である。結果は日本の駆逐艦一隻が沈められ、米重巡「ノーザンプトン」を二発の魚雷で沈め、二隻の重巡に大損害を与えた。

しかし、この海戦後に駆逐艦による補給は取りやめになり、補給は潜水艦によって行う「モグラ輸送」に変わった。ガ島の兵士たちの飢えは頂点に達しようとしていた。

第二師団が上陸したころのガ島には、すでに延べ二万七〇〇〇名の日本兵がいた。しかし、丸腰の第三八師団が上陸したときには、戦闘に耐えられる兵士は約八〇〇〇名程度になっていた。もちろん原因はジャングルでの不衛生な生活と飢餓である。加えて体力の衰えている人間に襲いかかってくるマラリアや赤痢だった。食糧を持たずに上陸した増援部隊にも、同じ恐怖が訪れることは明白だった。

米軍に海上交通を遮断されたガ島の日本兵は、閉じこめられたも同然だった。補給が途絶

日本軍が撤退したあとの集結地・エスペラント岬には、零戦の残骸だけが残されていた（上）。
下は、昭和18年３月22日にブーゲンビル島エレベンタで行われた、ガ島から撤退した第17軍司令部と麾下部隊の聖旨伝達式。

え始めたころは、まだ椰子の実など食料になるものがあった。しかし、ヤシ林は砲爆撃でなぎ倒されてしまい、島に口にできるものはなくなった。

将兵たちは木の葉や根っこはもとより、トカゲ、ミミズまで食料にした。十二月も後半になると、死者は激増した。それは米軍の攻撃によってではなく、大部分が餓死だった。ジャングルには死臭が満ち始めた。

大本営がガ島の部隊の「転進」を決定したのは、昭和十七年十二月三十一日だった。そして駆逐艦を輸送船にした撤退作戦は、翌昭和十八年二月一日から七日にかけて行われた。この撤退作戦期間中、奇跡的に米軍の攻撃をほとんど受けなかった。その結果、一万六六五名の生存者がブーゲンビル島へ撤退した。このガダルカナルの攻防戦で、日本軍の死者は約二万三〇〇〇名を数えている。

しかし、これらの将兵がガ島を離れるとき、島にはかなりの将兵が残っていた。飢餓や病気で体が衰弱していて撤退集結地にたどり着けなかった者や、餓死寸前の人たちである。帰還兵の証言によれば、その姿は、まさに「生きている英霊だった」という。

第4章 連合軍の大反攻戦

二正面作戦で進攻を開始した連合軍の凄まじい物量作戦

島の北端マッピ岬にに追いつめられた邦人たち。

日本本土の攻防計画　日米両軍がたてた決戦プラン

2万6000人が玉砕したアッツ守備隊

山本長官戦死、アッツ島玉砕。悪化する一方の最前線

開戦以来、フィリピンから東南アジアの連合国軍を圧倒、快進撃を続けてきた日本軍が、地上戦で初めて敗北を喫したのがガダルカナルの攻防だった。激しい消耗戦となったこの戦いは、日米の国力の差を浮き彫りにした。

早くも国力の限界を見せつつあった日本にくらべ、アメリカはガダルカナル戦後も豊富な資源と圧倒的な工業力を背景に、ますます反攻作戦を強めてきた。危機感を強めた山本五十六連合艦隊司令長官は、この連合軍の進攻を食い止めるために大反撃作戦を決行した。いわゆる「い」号作戦である。

「い」号作戦が実施されている間、山本司令長官は出撃する攻撃隊いつも帽子を振って見送っていた。

ラバウル基地の戦闘指揮所で出撃する搭乗員に訓示し、敬礼をする山本司令長官。

「い」号作戦とは、連合艦隊の虎の子である空母搭載の艦上機をラバウルの陸上基地に集め、基地航空隊と合同で連合軍の反撃拠点ガダルカナルとポートモレスビー（ニューギニア）を空襲しようという作戦である。山本長官もラバウルに飛び、陣頭指揮を執《と》ることになった。

作戦は一九四三年（昭和十八）四月初めに実施され、「多大な戦果を挙げ」て終了した。実際の米軍の損害はかすり傷程度の微々たるものだったが、大戦果を信じた山本長官は、作戦終了後、宇垣纏《うがきまとめ》参謀長ら幕僚をともなってブーゲンビル島やショートランド島などの前線基地の視察に出発した。四月十八日早朝のことだった。

ところが、山本長官一行の前線視察日程は、ハワイの米海軍暗号解読班にキャッチされ、すべて解読されていた。米軍はガダルカナルの航

ブーゲンビル島のジャングルに今も残る山本長官が乗っていた一式陸攻の残骸（山本元帥景仰会提供）

空隊に山本機の撃墜を命じた。綿密な計算のもとに一八機のP38戦闘機はガ島を飛び立ち、ブーゲンビル島上空で山本長官の乗る一式陸攻を待ち伏せ、撃墜死させた。こうして日本海軍は、戦略・戦術遂行上重要な役割を果たしてきた開戦以来のリーダーを失ったのである。

山本長官が戦死した月の翌五月に入ると、アリューシャン列島のアッツ島に米軍が上陸した。日本軍守備隊約二万六〇〇〇名（山崎保代《やまざきやすよ》陸軍大佐指揮）は増援部隊を待ちつつ応戦したが、大本営は増援部隊を送ることができず、結局、アッツ島守備隊に初の玉砕命令を下した。すなわち、「全滅するまで戦え」という非情な命令である。

アッツ守備隊は命令を忠実に守った。徹底抗戦で最後まで米軍に出血を強い、五月二十九日に最後の突撃を敢行して全滅した。

日本が策定した「絶対国防圏」と米軍が決めた対日二正面作戦

戦局は急速に悪化していた。大本営では今後の作戦方針をめぐって陸軍と海軍が対立していた。陸軍の参謀本部は、国力以上に拡大した戦線の縮小を主張し、海軍は前進基地での決戦主義の続行を主張していたのだ。

陸海対立の協議の場である大本営陸軍部と海軍部は、妥協点を探るべく協議を重ねるが、なかなか合意点を見いだせないでいた。そして陸軍側が折れる形でようやく妥協案がまとまったのは昭和十八年九月二十五日だった。

そして九月三十日に御前会議で決定された新作戦方針は、一般に「絶対国防圏」と称されるもので、その内容は次のようである。

今後採ルヘキ戦争指導ノ大綱

方針（原文は片仮名交じり）

一、帝国は今明年内に戦局の大勢

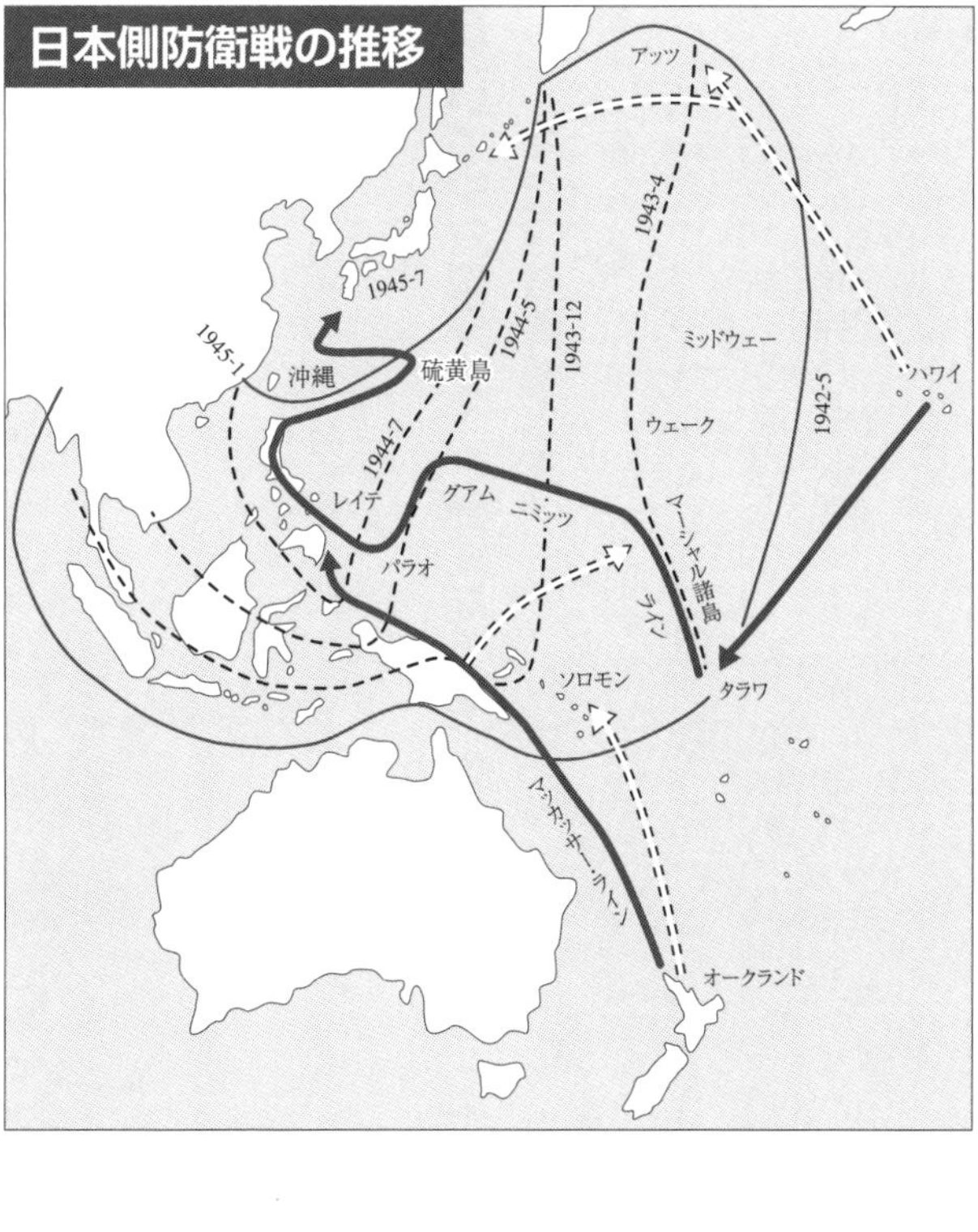

日本側防衛戦の推移

を決するを目途《めど》とし、敵米英に対しその攻勢企図を破摧《はさい》しつつ速やかに必勝の戦略態勢を確立すると共に、決戦戦力、特に航空戦力を急速増強し、主動的に対米英戦を遂行す。（二、三略）

要　領

一、万難を排し概ね昭和十九年中期を目途とし米英の進攻に対応すべき戦略態勢を確立しつつ随時敵の反攻戦力を捕捉破摧す。

帝国戦争遂行上太平洋及印度方面に於いて絶対確保すべき要域を千島、小笠原、内南洋（中西部）及西部ニューギニア、スンダ、ビルマを含む圏域とす。

戦争の終始を通し圏内海上交通を確保す。（以下略）

海軍内部ではこの防衛ラインの縮小にたいして、いぜんとして艦隊決戦思想に固執する反対意見もあったが、前線部隊の実情は日を追って厳しさを増していた。この新作戦方針を前線部隊に説明するため、大本営海軍部第一部長に同行してトラック島からラバウルを回った源田実参謀は、報告書に次のようなことを記している。

「南東方面航空戦力。実働三分の一、病人多く最近は四五～五〇％の罹病率、過労に起因す。中尉級優秀の士官は前線に出て殆ど全部戦死す。搭乗員の交代を必要とす……」

前線の悲痛な叫びが伝わってくる。新作戦方針の策定も、すでに時機を失していたのである。

ダグラス・マッカーサー大将

日本本土進攻の2正面作戦について話し合うため真珠湾に集まったマッカーサー（左）とニミッツ（右）。中央はルーズベルト大統領（1944年8月）。

日本本土進攻をめざす米軍の二正面作戦計画

一方、米軍も日本本土進攻を視野に入れた全体的な反抗作戦計画を立案していた。一九四二年（昭和十七）七月から米統合参謀本部は、本格的な対日反攻作戦計画「ウォッチタワー」を推進していたが、ガダルカナルの勝利、東部ニューギニアでの優勢な戦局の流れなどから、さらに反攻をスピードアップすべく作戦計画の見直しに入った。

チェスター・W・ニミッツ米太平洋艦隊司令長官兼太平洋地域軍（北太平洋地域、中部太平洋地域、南太平洋地域）司令官は、中部太平洋から一気に日本本土へ進攻する作戦を主張した。ところが、陸軍のダグラス・マッカーサー大将（南西太平洋地域軍司令官）は、ソロモン諸島とニューギニアを攻略後はフィリピンへ北上し、そのフィリピンを足場に日本本土に進攻する案を強硬に主張した。

マッカーサーは開戦間もない日本軍のフィリピン攻略戦に敗れ、彼にとっては第二の故郷ともいうべきフィリピンを追われ、オーストラリアに逃れた。その脱出の際に誓った「アイ・シャル・リターン（私は帰ってくる）」という約束を実現させようという強い意志があった。

米統合参謀本部は、結局、双方の意見を取り入れ、二方向から日本本土に進攻する作戦を立てた。

まず、ニミッツ軍とマッカーサー軍は共同してラバウルの日本軍基地を無力化したあと、ニミッツ軍はギルバート諸島からマーシャル諸島へと攻めあがり、中部太平洋を日本へ向かう。マッカーサー軍はラバウル周辺のビスマルク諸島を攻略してラバウルを孤立化させ、さらに西部ニューギニアからフィリピンへと進撃するコースを採《と》ることになった。

この二正面進攻作戦は、米国の強大な生産力があったからこそ可能な作戦であった。日本軍は、この米軍の新作戦を読むことができず、有効な防衛計画が立てられなかった。そのため、少ない戦力をさらに分散させる結果を招き、「絶対国防圏」は薄弱な防衛網となっていた。

マッカーサー軍のニューギニア攻略「蛙跳び作戦」で彷徨する日本軍

東部ニューギニア10万人中生還者は1割未満

海上輸送部隊が壊滅したダンピール海峡の悲劇

一九四三年（昭和十八）に入り、ガダルカナルの日本軍の敗北後、マッカーサーの南西太平洋地域軍と日本軍の主戦場は東部ニューギニアへ移っていった。すでに同年一月にはブナ、ギルワ地区の守備隊が連合軍に包囲され壊滅していた。

ダンピール海峡で日本の輸送船団に反跳爆撃を加えるオーストラリア軍のボーファイター攻撃戦闘機。

ここで連合軍の進攻を食い止めなければ、日本軍の一大航空基地ラバウル（ニューブリテン島）が脅威にさらされる。そこで大本営はブナ、ギルワのさらに西方に位置するラエ、サラモア地区で連合軍を迎撃すべく、第一八軍（司令官・安達《あだち》二十三《はたぞう》中将）指揮下の第五一師団をラエに、第二〇師団をマ

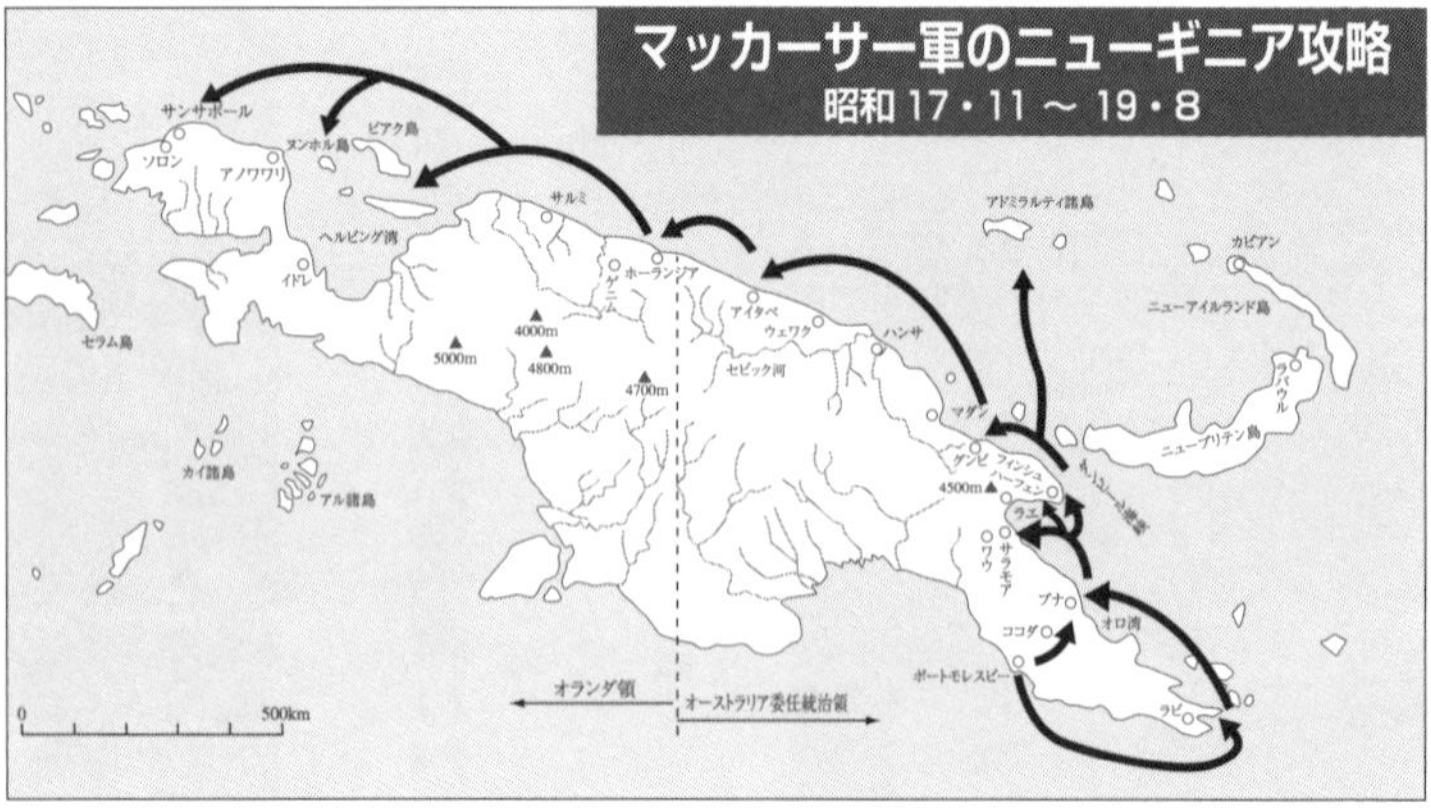

ダン（ラエ西方約五〇〇キロ）に、第四一師団をウエワク（ラエ西方約一〇〇〇キロ）に増派することにした。

ラエに上陸する第五一師団（師団長・中野英光中将）主力約七〇〇〇名はラバウルに集結した。ラバウルからラエへは輸送船八隻による海上輸送となる。航路はニューブリテン島とニューギニアの間のダンピール海峡を抜けるルートが選ばれた。

一九四三年二月二十八日夜、輸送船団はニューブリテン島の西方海上をダンピール海峡へ向かって南下していった。このときも日本海軍の暗号は解読されていて、船団の行動予定は米軍に筒抜けになっていた。米軍はガダルカナルの南西太平洋方面連合軍航空部隊に、日本船団攻撃を命じた。司令官のジョージ・C・ケニー少将は、ダンピール海峡で日本船団撃滅を狙った。

連合軍航空隊は三月一日に日本の輸送団を発見し、監視飛行を続けた後の三日から攻撃を開始した。ケニーは

果敢な攻撃精神を称えてケニー少将（右）に勲章を授与するマッカーサー司令官。

この戦闘で、B25、B26、B17爆撃機にP38戦闘機のほかボーファイター攻撃戦闘機、A20、A26攻撃機など、いってみれば連合軍航空隊の総動員態勢をとった。そしてケニーは、これら航空隊に高空、中空、低空の三層から船団攻撃を敢行させた。そのため、高空を護衛飛行していた日本の零戦隊は、中空、低空から船団に迫る米軍機の阻止が間に合わなかった。

さらにオーストラリア軍のボーファイター戦闘機一三機が、わずか一五〇メートルの低空から機銃掃射をしながら船団に突入し、さらに高度を下げると艦船の手前でマストの高さから投弾した。すると爆弾は海面で跳ね返り、投下したボーファイターが艦船の上空を通過するのとほぼ同時に、艦腹に爆弾が命中した。

これは五〇〇ポンド爆弾に遅延信管をつけて超低空から投下し、海面で爆弾をスキップさせて敵艦船にぶち当てるという、英空軍の跳躍爆撃（反跳爆撃ともいう。スキップ・ボンビング）法を採《と》り入れたものだった。

米攻撃隊の攻撃は果敢だった。そしてこのケニーの立体攻撃で、日本の船団は攻撃開始からわずか二五分で八隻すべてが沈められた。第五一師団の主力約六九〇〇名のうち、三六〇〇名余が海没し、生還した者は二四二七名にすぎなかった。そしてラエに上陸できたのは約八〇〇名と師団司令部だけで、重火器や弾薬、食糧などはほとんどが失われた。日本軍のニューギニア防衛は、こうして早くも暗礁に乗り上げた。

連合軍の圧倒的火力の前に敗退を続ける日本軍

一九四三年六月三十日、サラモア南方に連合軍が上陸してきた。ラエ・サラモア地区に展開する第五一師団の約一万名は応戦するが、将兵の大半は補給が途絶しているため栄養失調で、そのうえ赤痢やマラリヤなどに罹《かか》って疲弊しきっていた。そんな日本軍に、圧倒的火力を誇る連合軍に対して効果的な反撃ができるはずもなかった。

九月初旬、そのラエの西方ポポイに新たに連合軍二個師団

圧倒的な物量とともにフィンシュハーフェンに上陸する米軍。

疲労困憊して米軍の捕虜になった日本兵たち。

が上陸した。挟み撃ちの格好になった第五一師団は、ジャングル内に退却した。しかし、行く手には四〇〇〇メートル級の山々が連なるサラワケット山脈があり、行軍は飢えと疲労で悲惨なものになった。

さらに九月二十二日には、連合軍一個師団がフィンシュハーフェンにも上陸してきた。この地はダンピール海峡を押さえる要衝であり、マッカーサー軍はフィリピン進攻の足がかりになる重要拠点と位置づけていた。守備する日本の第二〇師団は反撃を開始したが、重火器が皆無のうえに弾薬も不足がちで、肉弾攻撃に頼らざるを得なかった。

一方の連合軍は、制空権を確保しているうえに、重砲や戦車など充実した近代的装備を備え、補給も充分だったから、有り余るほどの砲弾を日本軍に浴びせてきた。

昭和十八年十二月、連合軍は対岸のニューブリテン島南端マーカス岬にも上陸してきた。孤立した日本軍はフィンシュハーフェンを追われ、さらに西へ西へと敗走した。

連合軍が実行した合理的作戦リープ・フロッグ作戦

南西太平洋の連合軍を指揮するダグラス・マッカーサー大将は、要衝のフィンシュハーフェンを押さえれば、あとは日本軍拠点をいちいち攻略する必要はないと考えていた。そこで採《と》り入れられたのが、いわゆる「蛙跳び（リープ・フロッグ）作戦」である。ニューギニア

「蛙跳び作戦」で順調な戦勢に気をよくしたのか、ニューギニアの前線を視察するマッカーサー司令官。

北岸を西進するマッカーサー軍は、自軍に必要な日本軍拠点だけを攻略・奪取し、それ以外の日本軍拠点は飛び越して置いてきぼりにする。そうすれば、いずれは食糧が切れて自滅するとふんだのだ。

蛙跳びの効果はすぐに見られた。フィンシュハーフェンを撤退した日本の第二〇師団は、第五一師団の生き残り将兵と合流してマダンへ向かった。ところが、連合軍は先回りして、マダン手前のグンビ岬に上陸していた。日本軍はやむなく海岸線を避け、山岳地帯に入ってマダンをめざすことにした。だが、山岳路は険しく、途中で約四〇〇〇名が死亡するという悲惨な行軍となった。

そのころマッカーサー軍の関心は次の目標に移っていた。連合軍は日本軍の一大航空基地ラバウルを空爆で無力化すると、蛙跳びして一九四四年二月二十九日、アドミラルティ諸島に上陸していた。日本軍は、この神出鬼没の連合軍にすっかり攪乱され、マッカーサー軍の戦術が読めなくなっていた。蛙跳び作戦は功を奏していたのである。

そうしたマッカーサー軍の動きを知らない第二〇師団と五一師団の生存兵は、やっとの思いでマダンに到着した。しかしそこはもはや戦場ではなく、部隊はさらに西方への転進を命じられた。再び過酷なジャングルの彷徨《ほうこう》が始まり、多くの将兵が命を落としていった。

四月二十三日、連合軍がアイタペとホーランディアに上陸した。さらに連合軍は兵を進めて、フィリピンに通じるビアク島の攻略にかかっていた。その連合軍の進撃をなんとか阻止しようと、日本軍の残存部隊は六月にアイタペへ最後の大規模攻撃をしかけた。しかし、果敢な突撃もむなしく、次々と撃退されてしまった。その後は終戦まで自活生活に入り、散発的な戦闘が行われるだけだった。

東部ニューギニアの第一八軍の兵力は約一〇万名だった。そのうち生還できた将兵は一〇パーセントに満たなかった。軍司令官の安達二十三中将は、多数の将兵に命を失わせた自責の念からか、戦後、戦犯としてラバウルに拘留されていたとき、その収容所で自決した。

インパール作戦　撤退命令が遅れたための悲劇

無謀な軍司令官の犠牲にされた6万余の将兵

悲劇のインパール作戦はなぜ実施されたのか

インパールはインド東部マニプル州の州都で、ビルマ（現ミャンマー）との国境近くに位置していた。インドは当時イギリスの統治下にあり、インパールは英印（イギリスとインド）軍の軍事拠点であった。では、なぜこの地が悲惨な戦いの舞台となったのであろうか。

インドの隣国ビルマは一九四二年（昭和十七）から日本軍の占領下にあったため、連合軍は中国への補給路、いわゆる陸路による「援蔣ルート」が遮断されてしまった。仕方なく空路による補給に切り替えてはいたが、輸送量に限りがある上に、ヒマラヤ山脈を越える空輸はつねに危険が

「ハンプ越え」と言われた、ヒマラヤ山脈を越えての米軍のC46輸送機による中国への物資輸送。

牟田口廉也中将

出撃15分前に、北ビルマの降下地点の写真情報を協議するウィンゲート少将（右から二人目のヘルメット帽）と連合軍首脳。

ともなった。そこで連合軍は陸路による援蔣ルートを再開しようと、ビルマ奪還に動き出した。

一九四三年二月、ウィンゲート少将率いる約三〇〇〇名の英印軍旅団が、三〇〇〇メートル級のアラカン山脈を越えて中部ビルマに進入した。ウィンゲート旅団は空中から補給を受けながら、日本軍の攪乱を開始した。呼応して連合軍（主に米軍と中国軍）はビルマ北方のフーコン、東方の雲南（中国）からも攻勢を強化して、日本軍を三方向から挟撃する隊形をとった。

そうした状況下の一九四三年三月、日本軍はビルマ方面軍を新設し、その指揮下の第一五軍司令官に牟《む》田《た》口《ぐち》廉《れん》也《や》中将を任命した。そして着任早々の牟田口中将が強硬に主張、推進したのがインパール攻略作戦だった。

英印軍の反撃で遠のくインパールへの道

インパール作戦の目的は、英印軍の根拠地であるインパ

第15軍のインパール作戦（昭和19年3月）

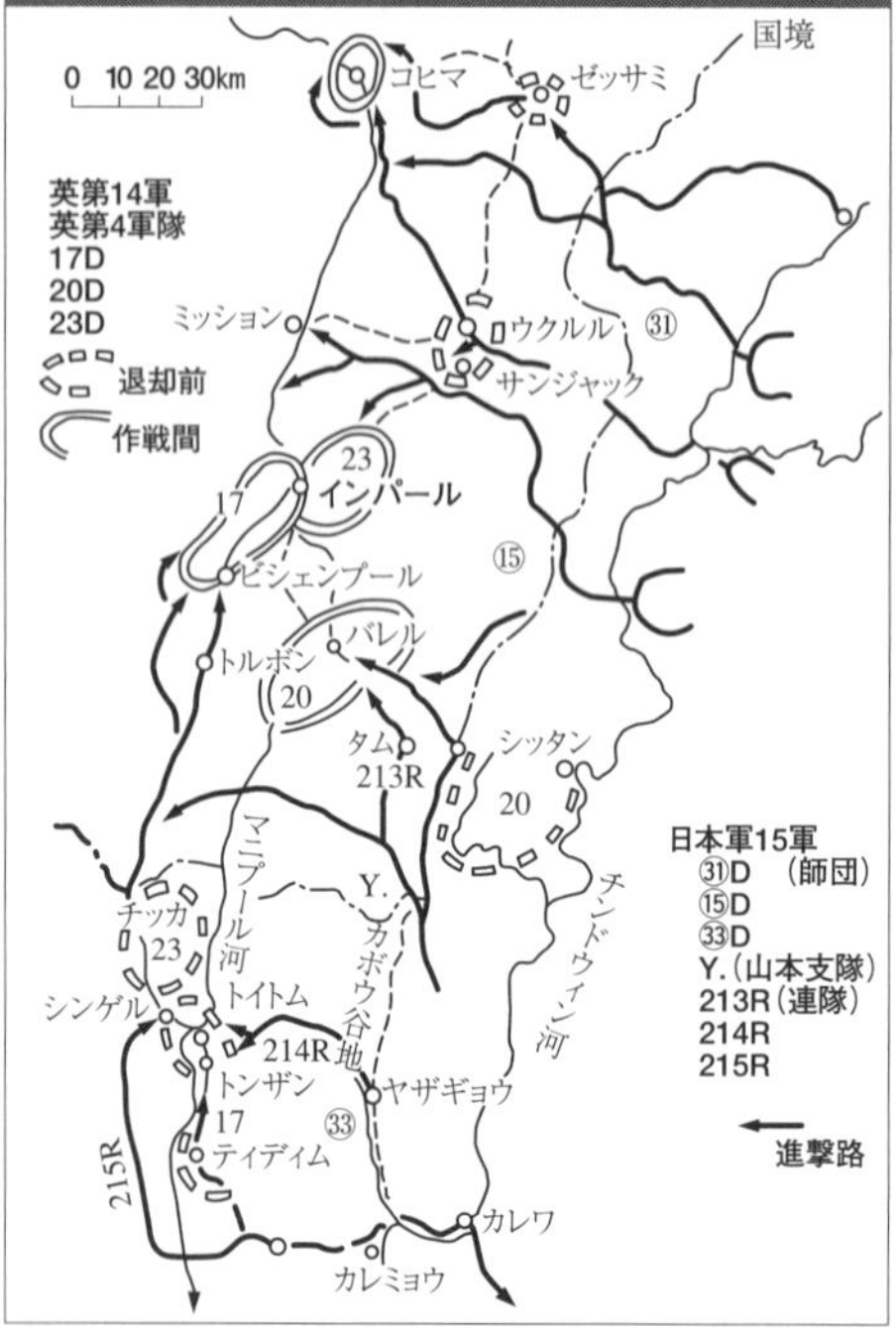

ビルマとインド国境に近いマユ山系で鋼索登攀をする日本軍。

ールを叩くことで攻勢に転じ、ビルマ防衛を確かなものにすることである。しかし、作戦には大きな問題があった。補給である。

ビルマからインパールを攻めるには、途中にアラカン山脈という険しい山岳地帯があり、車輌を使っての補給は困難であった。前述のウィンゲート旅団は同じアラカン山脈を越えてやって来たが、空から補給を受けて越えてきた。しかし、制空権を奪われている日本軍にはそれができない。上級司令部のビルマ方面軍でも、補給の目処《めど》がたたない状況では、作戦遂行は困難との見方が強かった。

しかし、牟田口中将は確信を持って、

「インパールは三週間で占領できる」

と主張し、補給に関しても「現地調達すればいい」として譲らなかった。現地調達とは、行く先々の住民の家や畑から食糧を奪うか、あるいは敵が残していった食糧を頂戴しようというものである。

ビルマ方面軍司令官の河辺正三《かわべまさかず》中将も、強気の牟田口中将を支持し、綿密に作戦を検討した参謀からの否定的意見を退けてしまった。そして、この強引な牟田口構想に引きずられる形で、大本営もインパール作戦を認可したのである。

昭和十九年（一九四四）三月八日、日本軍三個師団（第一五、第三一、第三三師団）は一斉に三方向から進軍を開始した。しかし、連合軍の戦力もかなり増強されていて、すでに航空機一〇〇〇機以上、戦車や大砲などの装備も整え、反攻準備を完了していた。

さらに日本軍がインパール作戦を開始する三日前、ウィンゲート空挺《くうてい》部隊が北部ビルマに進攻し、輸送機一〇〇機から約九〇〇〇名の戦闘隊を降下させていた。実際は、日本軍が攻勢に出られるような状況ではなかったのである。

日本軍の作戦は、軽装備で山岳地帯を一挙に横断し、奇襲作戦で三週間以内にインパールを占拠するというものだったから、各自が二、三週間分の食糧を持参しただけの行軍だった。迎え討つ英軍の第一四軍司令官スリム中将は、日本軍をできるだけ近くまで引き寄せて、一気に叩く戦法を考えていた。そのため、包囲されても空中補給で戦力を維持できる態勢を整えていた。

戦闘は日本軍の予想を超える激しいものだった。日本軍は各地で犠牲を強いられていた。それでも一カ月後には、インパールを眼下にするところまで迫った。そして得意の白兵戦で突撃を繰り返した。しかし、英印軍は戦車を前面に押し出し、さらに砲撃を強化して日本軍の進撃を食い止めていた。

激戦が続く。やがて日本軍は食糧と弾薬が不足し始めた。補給のない日本軍将兵が、飢えはじめるのは時間の問題だった。

撤退命令の遅れが招いた悲惨をきわめた退却行

日本軍の敗北が明らかとなり、現場を指揮していた師団長らは牟田口軍司令官に撤退を進言した。しかし、牟田口中将は頑として認めなかった。

ここで前代未聞の事態が起こった。第三一師団長佐藤幸徳《さとうこうとく》中将は、弾薬と食糧の補給がないことを理由に配下の部隊に独断で後退命令を出したのだ。怒った牟田口中将は、佐藤師団長を解任し、さらに他の二人の師団長も「戦意不足」を理由に更迭した。敵前で、全師団の最高指揮官をクビにするという、日本陸軍始まって以来の暴挙だった。

その後も牟田口中将と上級司令官の河辺中将は自分の面子《めんつ》にこだわり続け、撤退命令を出したのは作戦開始から四カ月もあとの七月になってからだった。この撤退命令の遅れは、日本軍の退却行を悲惨なものにした。帰り道のジャングルには餓死や病死した将兵の遺骨がならび、白骨街道といわれた。正確なインパール戦の戦死者は不明である。推定では六万名を超えるともいわれている。

そして牟田口自身は撤退命令を出した直後の一九四四年八月、参謀本部付を命じられるや、さっさと東京に戻ってしまった。彼はインパール作戦の最前線を見たことは一度もなく、ましてや白骨街道など知ろうともしなかった。

イギリス軍の前進を遅らせようと、日本軍はインパールとコヒマの間の道路に写真のようなバリケードをあちこちに築いていた。

玉砕の島々　タラワ、マキン、クェゼリンの全滅戦

10倍の米軍と対峙したマキン守備隊

四倍の米軍を迎え撃ったタラワの海軍陸戦隊

ガダルカナルの攻防戦に勝利した米軍は、中部太平洋から日本本土攻略をめざす反攻作戦を立案し、その最初の攻略目標にギルバート諸島を選んだ。攻略対象は日本の海軍陸戦隊が占領しているタラワ、マキン、そしてタラワの東南一五〇キロに位置するアパママ環礁だった。米軍はこの作戦を「ガルバニック（電撃）作戦」と命名した。作戦にはレイモンド・A・スプルーアンス中将を総指揮官に、約二〇〇隻の艦船と、第二海兵師団を主力に一万八三〇〇名が投入された。

一九四三年（昭和十八）十一月二十一日早朝、米軍は柴崎恵次海軍少将（第三特別根拠地隊司令官）が司令部を置くベティオ島の北側から上陸を開始した。日本軍の沿岸砲台が、米

海岸に橋頭堡を築いた米軍は、ただちに砲撃を開始した。

米軍に追いつめられ、小銃の引き金を足の指で引いて自決した二人の海軍陸戦隊員（タラワ）。

軍の上陸用舟艇に砲撃を開始した。米軍の艦砲が反撃し、空からは艦上機が爆弾を降らせてきた。

もうもうと砂塵が舞い上がり、後続機の爆撃ができなくなる。守備隊はその間隙《かんげき》を縫って反撃を行った。しかし、数で勝る米軍は次々と海岸にたどり着き、守備隊と激しい銃撃戦を展開した。

米軍の上陸開始から三時間後には、日本軍の塹壕《ざんごう》は死体で埋めつくされ、柴崎少将も銃弾を浴びて戦死する。それでも日本軍は抵抗を続けた。日本兵は米兵がぎりぎりまで接近してから、小銃、手榴弾《しゅりゅうだん》、銃剣による白兵戦をしかけた。しかし、先頭の米兵数名を倒しても、後続の米兵によって撃ち倒される。そうした戦闘がいたるところで繰り広げられた。

だが、弾薬も兵員の補給もない守備隊は、次第に米軍に圧倒されだした。そして十一月二十五日、タラワはほぼ米軍の手に帰した。四六〇〇名の日本軍の中で生き残ったのは、わずかに一四六名（軍属らを含む）に過ぎなかった。米軍の損害もまた大きく、戦死九三四名、負傷二三八五名にものぼった。

一〇倍の米軍に蹂躙《じゅうりん》されたマキン守備隊六九三名

タラワに米軍が上陸した十一月二十一日、マキン島にもラルフ・スミス陸軍少将指揮の第二七歩兵師団（兵力六四七二名）が上陸した。

　こちらはベティオ島とは違い、守備隊は水際での反撃は行わなかった。六九三名のマキン島守備隊（第三特別根拠地隊分遣隊）は、海岸から三キロ内陸に入ったところに主陣地を構え、米軍が近づくのを塹壕の中でじっと待っていた。

　主陣地の前には対戦車壕や障害物がびっしりと張りめぐらされ、そこに米兵が近づいたとき、銃砲が一斉に火を噴いた。日本軍の射撃は正確だった。米軍は進撃を阻まれ、両軍はほんの数十メートルの距離で撃ち合った。

日本の海軍陸戦隊員が残した軽戦車を調べるマキン島の米軍。

米軍のダイナマイト攻撃で、コンクリート製地下壕から出てきて降伏するクェゼリンの日本兵。

クェゼリンの日本軍守備隊が海岸線に造った、分厚いコンクリート製バリケードを盾に攻撃する米海兵隊。

米軍は日本軍が隠れている壕を、一つひとつ爆破していく作戦に出た。日本軍陣地は次々と切り崩され、二十一日夜までにほとんどが破壊された。そして二十四日、日本軍守備隊はほぼ全滅した。生き残った者は軍属も含めてわずか一〇五名に過ぎなかった。一方の米軍は六五名の戦死者と一五二名の負傷者を出した。

クェゼリンの激闘とマーシャルの失陥

ギルバート諸島を奪還した米軍の矛先《ほこさき》は、マーシャル諸島に向けられた。マーシャル諸島で最大の日本軍根拠地はクェゼリンで、日米開戦前の一九四一年一月から第六根拠地隊の司令部が置かれ、陸海軍部隊五一三〇名が防衛に当たっていた。一九四三年一月に陸軍部隊が到着してからは、クェゼリンは二つの守備地区に区分された。南部には陸軍部隊と根拠地隊の陸戦隊その他が、北部には第六一警備隊を主力とする海軍部隊が配備された。他のマーシャル諸島の島々にも部隊が配置されていた。

一九四三年一月三十日早朝、そのクェゼリンに米軍のマーシャル諸島攻略部隊が押し寄せてきた。スプルーアンス中将率いる米軍は戦艦一五、重巡一二、軽巡六、空母一九、駆逐艦ほか二一隻という大艦隊と、上陸用艦船を含めると三〇〇隻を優に超えた。さらにギルバート諸島からは延べ一二〇〇機の飛行機が出撃することになっていた。

延べ二〇〇回を超す空母機による事前爆撃のあと、二月一日午前七時三十分、第一陣が上陸を始めた。だが、日本軍の反撃は米軍の予想を超えて激しく、米軍は後退を余儀なくされた。そして翌二月二日、米軍は早朝から準備砲撃を開始し、改めて水陸両用戦車八四輛を仕立てて上陸を敢行してきた。

クェゼリンのナムル島の日本軍司令部前に、ふんどし姿の日本軍将校が飛び出してきた。驚いた米兵はあわてて銃を構えた。

このとき、日本軍守備隊はまったく反撃しなかった。日本軍は米軍の艦砲射撃や空爆で破壊された建物の残骸の陰に潜み、敵が近づくのを待っていた。そして米軍を視認するや、迫撃砲や臼砲を撃ち込んだ。米軍は艦砲射撃を再開したが、ごく小さな目標に命中させることは至難の業《わざ》だった。

米軍は戦術を変えた。火焔放射器を使って日本軍をいぶり出す作戦に出たのである。作戦はみごとに成功し、日本軍トーチカはことごとく潰《つぶ》されていった。日本軍は追い込まれた。

クェゼリン本島守備隊司令官の秋山門造《あきやまもんぞう》海軍少将（第六根拠地隊）は命令した。

「各隊は一兵となるまで陣地を固守し、増援部隊の来着まで本島を死守すべし」

しかし、増援部隊など現れるはずはなかった。それどころか秋山少将自身、前線視察のため壕を出たところに米軍の艦砲射撃が直撃し、戦死した。

一方、南地区守備隊は第一海上機動旅団第二大隊長の阿蘇太郎陸軍大佐が指揮していた。南地区隊は二日夜に全兵力で夜襲を行った。しかし、艦砲の集中砲撃を受けて夜襲は頓挫した。翌三日、クェゼリンでは飛行場東地区の陣地をめぐって一日中激戦が続いた。守備隊は残存兵力で逆襲を繰り返したが、四日になると日本軍陣地は次々と米軍戦車に蹂躙《じゅうりん》された。

午前一〇時、海軍首脳が全員自決し、指揮は阿蘇大佐に引き継がれた。その阿蘇大佐もやがて戦死し、正午過ぎに米軍はクェゼリン本島全域を制圧した。

クェゼリン本島の日本軍守備隊は、兵力の約八割に当たる四一三〇名が戦死、本島以外でも、日本軍は三五六〇名のうち、三二一〇名が戦死した。米軍の戦死者はクェゼリン本島で一七七名、本島以外では一九五名であった。

サイパン玉砕戦　トラック島上空に殺到した一二五〇機

民間邦人2万人を巻き込んだ陸海空の死闘

ゲリラに奪われ米軍に渡った連合艦隊の作戦計画書

クェゼリンを占領した米軍は、そこを前進基地にして、空母機動部隊や基地航空隊は太平洋を暴れ回った。日本の連合艦隊の根拠地であるトラック諸島も、いつ米軍機の攻撃を受けるかもしれない。

一九四四年（昭和十九）二月十七日と十八日の二日間、米軍機がトラック諸島上空に殺到した。二日間合計で一二五〇機という大編隊である。そして湾内の艦艇、港湾施設、飛行場に対して徹底的な空爆を行った。日本の連合艦隊主力はすでにパラオ諸島に退避していたが、航空機二七〇機すべてが撃墜、もしくは地上撃破された。港は軍港としての機能を喪失し、約四万

米軍の空襲を受けるトラック島の海軍泊地。

の将兵が取り残された。

　その翌月の三月三十日、米軍艦上機は日本の連合艦隊が避難しているパラオ諸島を襲ってきた。トラック島空襲と同様、主力艦は事前に出航してなんとか難を逃れたが、残存の艦艇は壊滅した。

　このとき連合艦隊司令部もパラオに移っていたが、古賀峯一《こがみねいち》司令長官と参謀長の福留繁《ふくどめしげる》中将は、戦闘指揮所を急遽、フィリピンのダバオへ移すことにした。そして翌日の三十一日、長官と参謀長は幕僚をともなって二機の飛行艇にそれぞれ乗り、パラオを離水した。

古賀峯一司令長官

福留繁参謀長

　折しもこの日は天候が悪く、古賀機は消息不明となり、福留機はフィリピンのセブ島付近の海上に不時着した。幸い福留参謀長らは一命を取りとめたが、このとき福留が持っていた連合艦隊の作戦計画書入りのカバンが、フィリピンゲリラに奪われてしまった。作戦計画書はただちにオーストラリアのマッカーサー司令部に届けられ、翻訳され、最終的にはハワイのニミッツ司令部（米太平洋地域軍司令部）にも渡された。
　ところが、驚くべきことに、日本の海軍当局はこの最重要問題

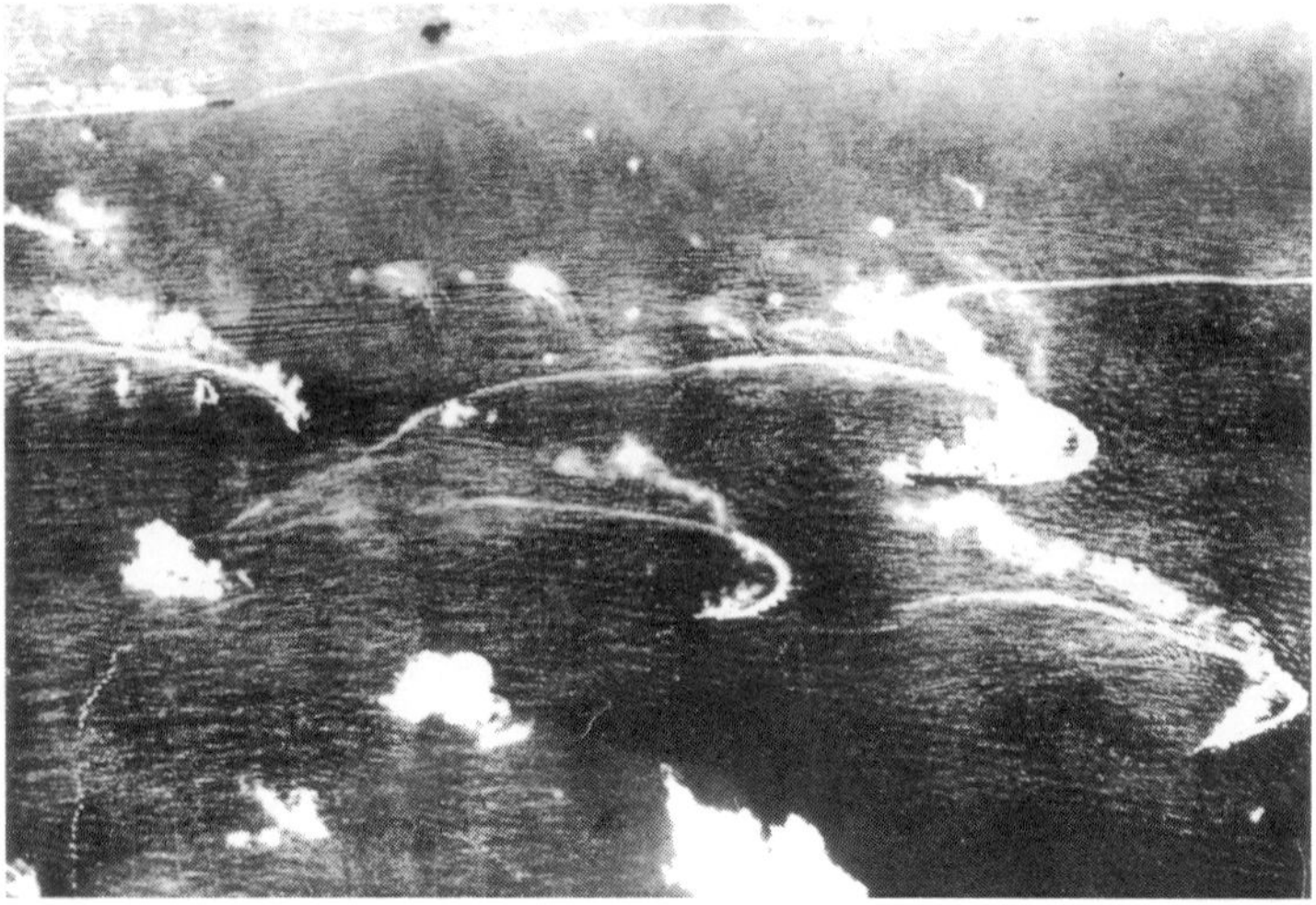
マリアナ諸島西方のフィリピン海で米機動部隊の海空一体の猛攻を受け、応戦中の小沢機動部隊。

を深くも追及せず、不問に付してしまった。こうして連合艦隊の作戦情報は、完全に米軍側の知るところとなったのである。これが「海軍乙事件」と呼ばれる、司令長官行方不明事件である。

日本の新戦法に勝利したマリアナ沖海戦の米軍

一九四四年六月十一日、マリアナ諸島のサイパン島に米艦上機の大編隊が現れ、激しい空爆を加えてきた。それは上陸戦の事前爆撃だった。六月十五日、米軍はサイパン島に上陸を敢行してきた。詳細は後述するが、日本軍もマリアナ防衛の「あ」号作戦を発動、決戦態勢を敷いた。連合艦隊もこの作戦を「最後の艦隊決戦」と位置づけて、秘策をもってマリアナ海域に出

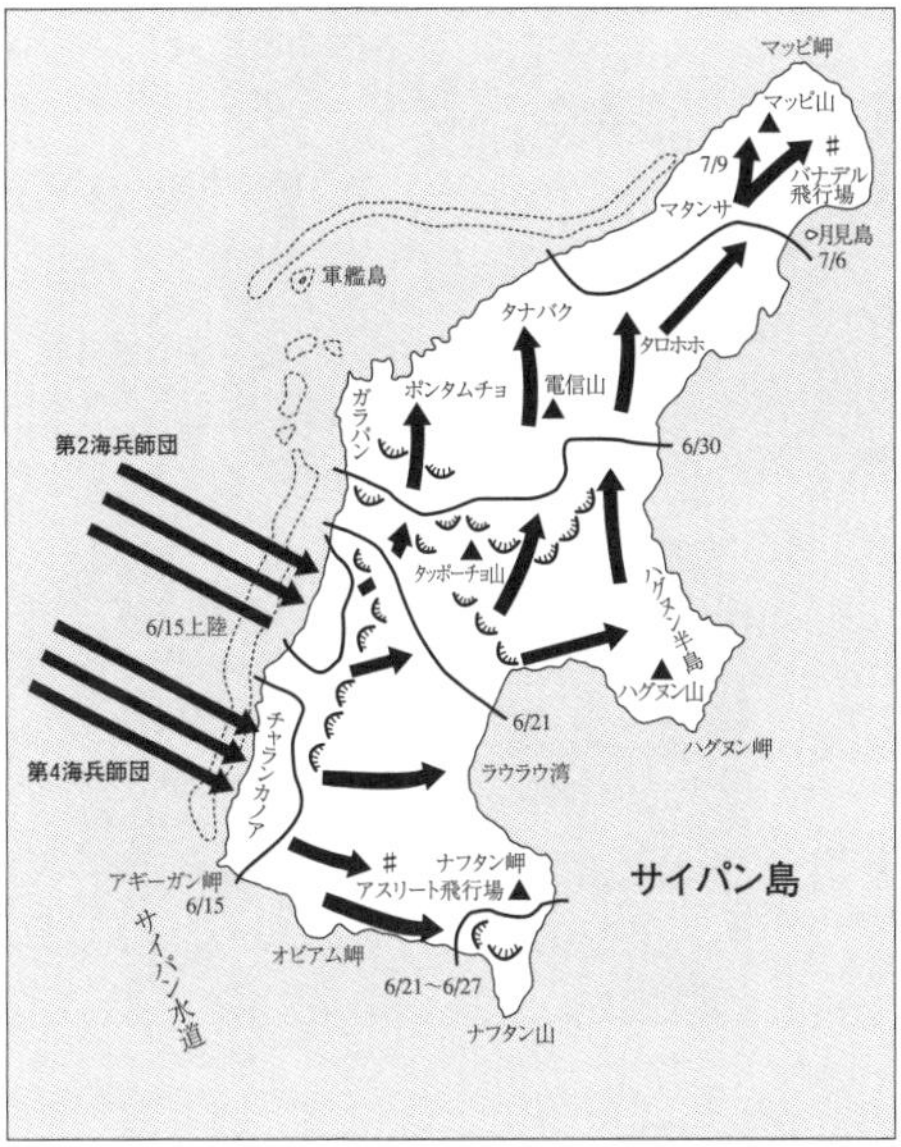

マリアナ沖海戦で、米軍のＶＴ信管付砲弾で撃墜される日本の艦上機。

撃した。

連合艦隊が用いる秘策とは「アウトレンジ戦法」と称されるものである。日本の艦上機の航続距離は、米軍機よりも長かった。その利点を生かして、敵の射程外から敵空母を先制攻撃しようというもので、第一機動艦隊の小沢治三郎司令長官自らが発案したものであった。そして日本の空母部隊は計画どおりに九隻の空母から、合計三〇〇機以上の攻撃隊を発艦させ、吉報を待った。

しかし、結果は日本軍の惨敗だった。発艦はできても、まともに着艦もできないような技量未熟なパイロットが大半の日本機は、遠距離からの飛行で敵艦を発見できなかった。アウトレンジ戦法が裏目に出てしまったのだ。

タッポーチョ山の西斜面で日本軍を火焔放射器で攻撃する米軍戦車。

米軍がススッペに作った収容所に集められた邦人婦女子。

なんとか米空母付近にたどり着いた日本機もいたが、それらの機は米軍の高性能レーダーに捉《とら》えられ、無線で連絡を受けた迎撃戦闘機が次々と襲いかかり、日本軍機はバタバタと撃ち落とされていった。米軍機の攻撃を脱出した日本機には、艦艇からの猛烈な対空砲火が待ち受けていた。それもただの砲火ではなく、飛行機の熱を感知し、近くを通過すると爆発するVT信管という新兵器をつけた砲弾だった。この無残に撃ち落とされる日本機のありさまを、米兵たちは「マリアナの七面鳥撃ち」と揶揄《やゆ》してはやしたてた。

のちにマリアナ沖海戦と呼ばれるこの戦いで、日本海軍は虎の子の空母三隻、約四〇〇機の航空機を失い（九〇パーセント以上）、日本の空母部隊は実質的に壊滅してしまった。

日本の「絶対国防圏」危うし悲惨なサイパンの玉砕戦

マリアナ諸島沖に姿を見せた米軍は巨大だった。一九四四年六月六日にマーシャル諸島に集結したレイモンド・A・スプルーアンス大将指揮のマリアナ攻略部隊である第五艦隊は、高速空母一五隻と新鋭戦艦七隻からなるマーク・ミッチャー中将の第五八機動部隊に先導されて出撃した。機動部隊の背後には、リッチモンド・ケリー・ターナー中将が指揮する一二万七〇〇〇名の上陸部隊を乗せた五三五隻の輸送船と上陸用舟艇が延々と続いた。

攻略部隊はサイパン、テニアンを攻略するホーランド・スミス海兵中将指揮の北部攻略部隊（第二、第四海兵師団と予備部隊の第二七歩兵師団）と、グアムを攻略するリチャード・L・コノリー少将指揮の南部攻略部隊（第三海兵師団、第一臨時海兵旅団）に分かれ、第七七歩兵師団が総予備部隊として控えていた。

7月7日のバンザイ突撃で斃れた日本兵。タナバク港近くまで進撃したものの、全員が射殺されてしまった。はるか上方左手にバンザイクリフが見える。

迎え撃つ日本のサイパン守備隊は、第三一軍（軍司令官・小畑英良中将）麾下の北部マリアナ地区集団（集団長・第四三師団長斎藤義次中将）の陸軍部隊約二万八〇〇〇名と、海軍の中部太平洋方面艦隊（司令長官・南雲忠一中将）麾下の約一万五〇〇〇名、合計約四万三〇〇〇名であった。

米軍の攻撃は六月十一日の艦上機による大空襲で始まった。

空襲は翌十二日も続き、十三日からは艦砲射撃も開始された。街並みは灰燼《かいじん》に帰し、水際の日本軍の陣地も壊滅した。そして十五日は早暁から艦砲射撃が始まり、午前八時四〇分過ぎ、米軍の上陸用舟艇群が一斉に海岸線に突進してきた。

米軍が上陸地点に選んだのはサイパン島南西の遠浅の海岸だった。日本軍は空爆から生き残った火砲に中央山岳地帯の火砲も加わって、必死の反撃に出た。それでも米軍は、夕方までに幅六・四キロ、奥行き一・六キロの橋頭堡《きょうとうほ》を確保した。しかし、損害も多く、この日上陸した二万のうち約一割が死傷した。

一方、防御線を寸断された日本軍は、十五日の夜から十六日未明にかけて夜襲を決行したが、撃退されてしまった。夜襲は十六日夜も行われたが、ことごとく失敗し、壊滅状態に陥っていた。

米軍は初日に予想外の損害を被ったため、予備の第二七歩兵師団を投入した。第二海兵師団はヒナシス山の日本軍を攻め、第四海兵師団と第二七歩兵師団は東海岸のラウラウ湾をめざし、ほとんど無傷でアスリート飛行場を占領した。

パラオ諸島の視察に出たまま戻れない小畑軍司令官に代わって指揮を執《と》っていた第三一軍参謀長の井桁敬治《いげたけいじ》少将は、十八日に全部隊をタッポーチョ山麓に後退させ、新たな防御線を敷いた。

タッポーチョ山は、将兵や民間邦人でごったがえしていた。そこに米軍は激しい砲爆撃を加えてきた。日本軍も死力を尽くして抵抗を続けた。このため、米軍の第二七歩兵師団は三日間、一歩も進むことができなかった。地上戦指揮官のホーランド・スミス海兵中将は業を煮やし、第二七歩兵師団長のラルフ・スミス陸軍少将を「攻撃精神の欠如」を理由に解任してしまった。

祖国と軍から見放された邦人たちの悲劇の最期

小沢機動部隊の惨敗によってサイパンへの補給が絶望になった大本営は、六月二十四日、サイパン放棄を決定し、翌二十五日、現地の軍司令部に伝えた。このとき、約二万人とみられる一般邦人と日本兵は、タッポーチョ山に立てこもっていた。そのタッポーチョ山も二十六日夕方、米軍に占領されてしまった。

すでに日本軍の指揮系統は崩壊し、敗残の部隊は北へ北へと敗走していた。民間人も、これらの部隊に従うしか方法はなかった。

そして島の北端に追いつめられた日本軍は、最後の総攻撃を決定した。世にいう「バンザイ突撃」は、七月七日午前三時三〇分を期して行われた。生存兵約三〇〇〇名は、一〇〇名ほどが一隊になって喚声を上げながら敵陣に突撃していった。そして二、三分置いて次の隊

標高249メートルのマッピ岬。米軍に追いつめられた日本兵と一般邦人は、この断崖から飛び降り、自ら命を絶っていった。いまだに「バンザイクリフ」とも「スーサイドクリフ（自殺の崖）」とも呼ばれているゆえんだ。この絶壁の反対側は海岸に面している。

が走り出し、さらに第三隊が走り込む……。突撃は七日午後、おびただしい屍《しかばね》を残して終止符を打った。

この総攻撃が行われているとき、南雲中将、辻村武久少将（海軍第五根拠地隊司令官）、斎藤中将、井桁少将ら陸海軍首脳はそれぞれ自決していた。こうして、本国からも現地の部隊からも見放された民間邦人たちは、最北端のマッピ岬で最後の決断を迫られた。投降か、それとも飛び降りての死か……。

このとき自殺した邦人は八〇〇〇名とも一万二〇〇〇名ともいわれ、マッピ岬付近の海岸は日本人の死体で埋めつくされたという。これらの場所は、今では「バンザイクリフ」や「スーサイドクリフ（自殺の崖）」の名で観光名所の一つになっている。こうして日本の「絶対国防圏」はもろくも崩れさり、七月十八日、東条内閣は責任をとって総辞職させられた。

ペリリュー島の全滅　洞窟戦で見せた日本軍初の徹底抗戦

上陸部隊4万対9800のペリリュー守備隊

ペリリュー島の戦いは東洋最大の飛行場争奪戦

サイパン、グアムなどマリアナ諸島を手中にした米軍が、次の攻略目標としたのはパラオ諸島のペリリュー島である。攻略の目的は、予定されているマッカーサー軍のフィリピン奪回作戦を支援するためである。島には東洋最大といわれる日本軍飛行場がある。そこを占領してフィリピンに航空攻撃を実施したいという考えからだった。島の日本軍は陸海軍合わせて約九八〇〇名（歩兵第二連隊長・中川州男《なかがわくにお》陸軍大佐指揮）が守備を固めていた。

米軍の上陸部隊は、第一海兵師団二万八四〇〇名を中心とした約四万名だった。師団長のルパータス少将は、南北九キロ、東西三キロしかないこの島を見て「こんなちっちゃな島は四日間もあ

やっと海岸線にたどり着き、内陸部への突入の機会をうかがう米海兵隊。

ペリリュー地区隊長・中川州男大佐

日本軍狙撃兵の攻撃で負傷し、二人の戦友に付き添われて前線を離れるスミス上等兵。

洞窟に潜む日本兵に対し、火焔放射攻撃を加える米軍の水陸両用戦車。

れば占領できるさ」と言っていたという。だが、実際は二カ月余も死闘を強いられることになる。

一九四四年（昭和十九）九月十五日、日の出とともに米軍は上陸戦を開始した。すでに米軍は一週間前から空爆と艦砲射撃を加えており、島は瓦礫《がれき》と化していた。しかし、洞窟陣地に潜む日本軍守備隊はほとんど無傷で、火砲も健在だった。

米軍が上陸地点に選んだのは、日本軍が西浜と呼んでいた島の南部海岸だった。日本軍は海岸陣地と山岳地から砲撃を開始し、米兵を海岸に釘付けにした。この緒戦で米軍は死傷者一〇〇〇名を超え、先遣部隊は一時退却せざるを得なくなった。米兵が退却したあとの白い珊瑚礁の浜は、血でオレンジ色に染まっていた。この美しい海岸を、島の人々は今でも「オレンジ・ビーチ」と呼んでいる。

ペリリュー飛行場を占領した米軍に対し、果敢な攻撃をしかけた日本の軽戦車隊だったが、対戦車砲で擱座され、搭乗員は火焔放射で焼き殺された。

洞窟に立てこもり抗戦を続ける日本軍

水際で多くの損害を出した米軍だったが、その後も日本軍との死闘は二カ月にもおよんだ。日本軍はこれまでの教訓から無益な集団突撃などは行わなかった。

隆起珊瑚礁の島であるペリリューには、いたるところに自然の洞窟があった。日本軍はそれらの洞窟を拡張し、堅固な洞窟陣地を造りあげていた。そして部隊は洞窟陣地に立てこもり、一人でも多くの米兵に出血を強いる徹底抗戦を行ったのである。

洞窟に潜む日本軍に対して、米軍は火炎放射器や空からナパーム弾を投下したりして、洞窟を一つ一つ掃討する戦術を取ってきた。一滴の水も、一発の弾丸の補給もない日本軍将兵には、苦しく、つらい戦いになった。戦闘による負傷に加え、飢えが蔓延《まんえん》して壕内は次第に野戦病院の様相を濃くし、重傷者のうめき声であふれた。早く突撃して楽になりたいと口にする兵も少なくなかった。

ペリリュー守備隊の奮戦ぶりは大本営から国民にも発表され、天皇陛下からはお褒めの言

1947年4月22日、1カ月余にわたる日米の投降呼びかけに、やっと山口永少尉（日本兵の最前列左端）ら34名の日本兵は終戦を信じ、投降してきた。写真は日本兵たちの投降式風景。

緑のジャングルは消え、見るも無残になった中央山岳地帯。最後の掃討戦に向かう米軍部隊。

葉が贈られた。しかし死闘二カ月、守備隊の限界だった。十一月二十二日、中川守備隊長は上級司令部のパラオ集団（集団長・第一四師団長井上貞衛中将）に訣別《けつべつ》の電報を打ち、二十四日に自決した。

ペリリューからの最後の電報「サクラ　サクラ」（「以後、通信を絶つ」という暗号電）が送られてきた後も、主力から分離した一部の日本軍部隊は散発的なゲリラ戦を展開していた。とくに歩兵第二連隊第二大隊を中心とする三四名の陸海軍将兵は、日本の敗戦を信じないで洞窟に潜み、米軍の呼びかけで降伏に応じたのは一九四七年（昭和二十二）四月であった。

このペリリュー戦で生還した日本兵は百数十名、ほぼ全滅であった。米軍は戦死一六八四名、戦傷七一六〇名を出した。米軍兵士の損耗率は約四〇パーセントと高く、この島での戦闘がいかに激しかったかを物語っている。

第5章

敗戦への道

国民には知らされなかった日本軍の断末魔

赤ちゃんが泣いたため、居場所が米兵に知れ、洞窟から救出される母子。

フィリピンの攻防①　陸海で展開されたレイテの死闘

約2万名の守備隊しかいなかったレイテ島

米軍のレイテ島上陸と日本軍の反撃

一九四四年（昭和十九）十月二十日、米軍はフィリピンのレイテ島タクロバンに上陸した。総指揮官はマッカーサー大将で、レイテを足がかりにしてルソン島へ攻め込むつもりである。日本軍は、レイテ島には米軍上陸地点を中心に一個師団（約二万名）しか配置していなかったので、手薄な地点を選んで上陸したのだ。

日本軍はルソン島で米軍を迎え撃ち、決戦する準備を進めていたが、急遽方針を変更してレイテ島で決戦することにした。直前に日本海軍航空隊が台湾沖航空戦を戦い、アメリカの空母機動部隊を全滅させたと発表していたので、レイテ島

レイテ島タクロバンに上陸するマッカーサー大将（中央のサングラス姿）とその幕僚。

上陸の米軍は敗残部隊と考えたのである。

日本海軍は台湾沖航空戦の大戦果を発表した数日後に、戦果は誤報であり、米空母機動部隊は無傷で健在だと確認したが、陸軍には誤報であったことを連絡しなかったのである。

レイテ島にルソン島をはじめ周辺の島々から部隊が送りこまれた。とはいえ、戦車もない、大型大砲もほとんどない日本軍がいくらがんばっても、米軍には歯が立たなかった。二カ月近く戦ったあと、米軍がミンドロ島に上陸してルソン島上陸の構えを明確にした時点で、レイテ島決戦は中止となった。

とはいえ、レイテの部隊を救出する余力はなかった。レイテの将兵は終戦まで絶望的な戦いを続行し、約九万名（輸送途中の海没戦死者を含む）が戦死した。

日本の連合艦隊が消滅したレイテ海戦の捨て身戦法

日本海軍もレイテ島へ上陸した米軍に反撃するために、陸海の大部隊を投入した。しかし、すでに空母機動部隊はマリアナ沖海戦で壊滅していたから、それまであまり活躍するチャンスがなかったために生き残っていた、戦艦や重巡洋艦をすべてを投入した作戦だった。

戦艦九隻（開戦時一〇隻、開戦間もなく「大和」「武蔵」完成で一二隻）、重巡一三隻（開戦時一八隻）が三つのグループに編成され、レイテ湾に突っこみ、そこに集まっている米艦

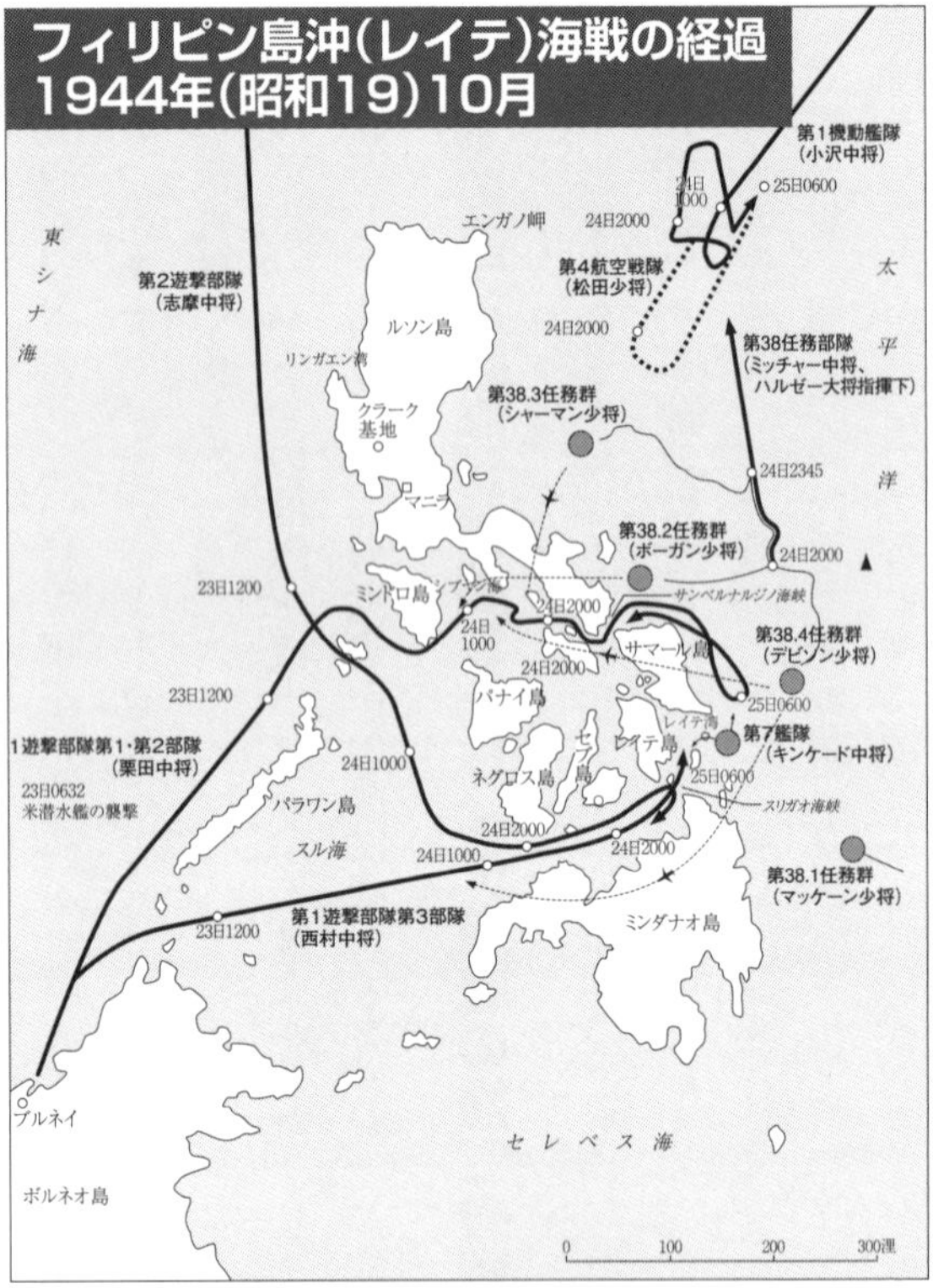

隊を砲撃して刺し違えようという作戦である。破れかぶれの作戦だが、戦闘力のある空母部隊を失っていた日本海軍には、そのような作戦しか残されていなかった。

もっとも、空母四隻を率いた機動部隊も出撃したが、パイロットは発艦はできても着艦ができない程度の技量しかなかった。そこで空母部隊が囮《おとり》となってアメリカの空母艦隊を引きつけ、撃たせている間に戦艦と重巡部隊がレイテ湾へ突入し、湾内の米軍艦艇と上陸した部隊を砲撃しようという手はずだった。

ボルネオ島のブルネイを出撃した栗《くり》田《た》健《たけ》男《お》中将率いる艦隊はシブヤン海に入り、サンベルナルジノ海峡を抜けて南下、レイテ湾へ突入する。西村《にしむら》祥治《しょうじ》中将が率いる艦隊は近道してスリガオ海峡を突っ切り、レイテ湾へと向かう予定だった。

結果は、西村艦隊はスリガオ海峡で米戦艦部隊に待ち伏せされ、ほぼ全滅した。西村艦隊と一緒にスリガオ海峡を抜ける予定の志摩《しま》清英《きよひで》中将の艦隊は遅れて海峡入り口に到着したが、すでに西村艦隊全滅の後だった。志摩艦隊は突入せずに反転し、引き返した。

日本艦隊の主隊ともいえる栗田艦隊は、シブヤン海で米機動艦隊の艦上機に攻撃された。この艦隊には世界最大の戦艦「大和」と「武蔵」がいたが、アメリカの攻撃隊は「武蔵」に攻撃を集中してきた。そして魚雷九本と爆弾多数を命中させ、撃沈に追い込んだ。二三九九名の乗組員のうち一〇二三名が戦死した。

栗田艦隊はその後、サンベルナルジノ海峡を抜けて太平洋に出たが、そこでアメリカの護衛空母艦隊と遭遇、戦闘に入った。交戦二時間で重巡三隻、駆逐艦一隻を失いながらも、レイテ湾をめざした。

ところが湾まで約八〇キロという地点に達したとき、栗田中将はなぜか反転を命じた。北方の米機動艦隊を攻撃するということだったが、そういう艦隊はいなかった。いま

レイテ島の激戦地リモン峠の米軍戦車。日本軍にはなかった。

だに「謎の反転」として論議されている退避行動である。

一方、囮部隊となった小沢治三郎中将率いる空母機動部隊は、狙いどおりにハルゼー大将率いる米空母機動部隊を引きつけ、攻撃させることに成功したが、空母四隻すべてを失うことになった。

こうして日本海軍の全力を投入したレイテ海戦は、所期の目的を果たすことができずに幕を下ろさなければならなかった。

フィリピンに登場した神風特攻隊、護衛空母「セントロー」を撃沈

ところで、ルソン島などフィリピンには日本海軍の第一航空艦隊（基地航空隊）が展開していた。米軍上陸前の空襲で爆撃機などはほとん

シブヤン海で攻撃され、沈没した戦艦「武蔵」。

ど破壊されていたが、戦闘機は少し残っていた。着任早々の大西瀧治郎《おおにしたきじろう》司令長官は、その残された戦闘機零戦《れいせん》（いわゆるゼロ戦）に爆弾を搭載し、飛行機ごとアメリカの艦船に体当たりすることを命じた。戦う手段がなくなった航空隊には、それ以外に方法はないというのだった。

体当たり部隊は神風《しんぷう》特別攻撃隊と命名された。これがいわゆるカミカゼ特攻隊である。最初の特攻隊は敷島《しきしま》隊、大《やま》和《と》隊、朝日《あさひ》隊、山桜《やまざくら》隊の四隊（本居宣長の「敷島の大和心を人問わば朝日に匂う山桜花」から命名）である。このうち一九四四年十月二十五日に出撃した関行男《せきゆきお》大尉が率いる敷島隊は、護衛空母「セントロー」に体当たりして撃沈した。

この戦果に自信を得たのか、陸軍航空隊（第四航空軍）も特攻に参加し、以後は特攻が日常的な作戦となった。フィリピン特攻で海軍特攻機三三三機、戦死搭乗員四二〇名、陸軍特攻機二〇二機、戦死者搭乗員二五一名とされている。

敷島隊の体当たり特攻で沈んだ米空母「セントロー」。

神風特攻隊・敷島隊の出撃直前。松葉杖は司令。左端のマフラー姿が関大尉。

フィリピンの攻防②　凄惨だったルソン決戦とマニラ市街戦

太平洋戦争最大50万人の死者を出したフィリピン決戦

三〇万名の日本軍、マッカーサー軍と対決

米軍は一九四五年（昭和二十）一月九日、ルソン島のリンガエン湾に上陸した。約三年前、日本軍がフィリピンを攻略したとき、その主力が上陸した海岸である。　米軍を率いるのはダグラス・マッカーサー元帥（前年の十二月十六日に制定された元帥の位に昇進）だった。三年前、日本軍に敗北し、大統領命令でフィリピンを脱出した。その折、彼は「アイ・シャル・リターン」と誓い、その約束をいま果たそうとしている。

対する日本軍は山下奉文《やましたともゆき》大将（第一四方面軍司令官）のもと、陸海軍約三〇万名である。大きく三つの集団に分かれ、それぞれ守るべき地域を分担した。

上陸地リンガエン湾へ向かう米艦隊へ特攻機が攻撃、左端の爆発が体当たりされた戦艦「カリフォルニア」。

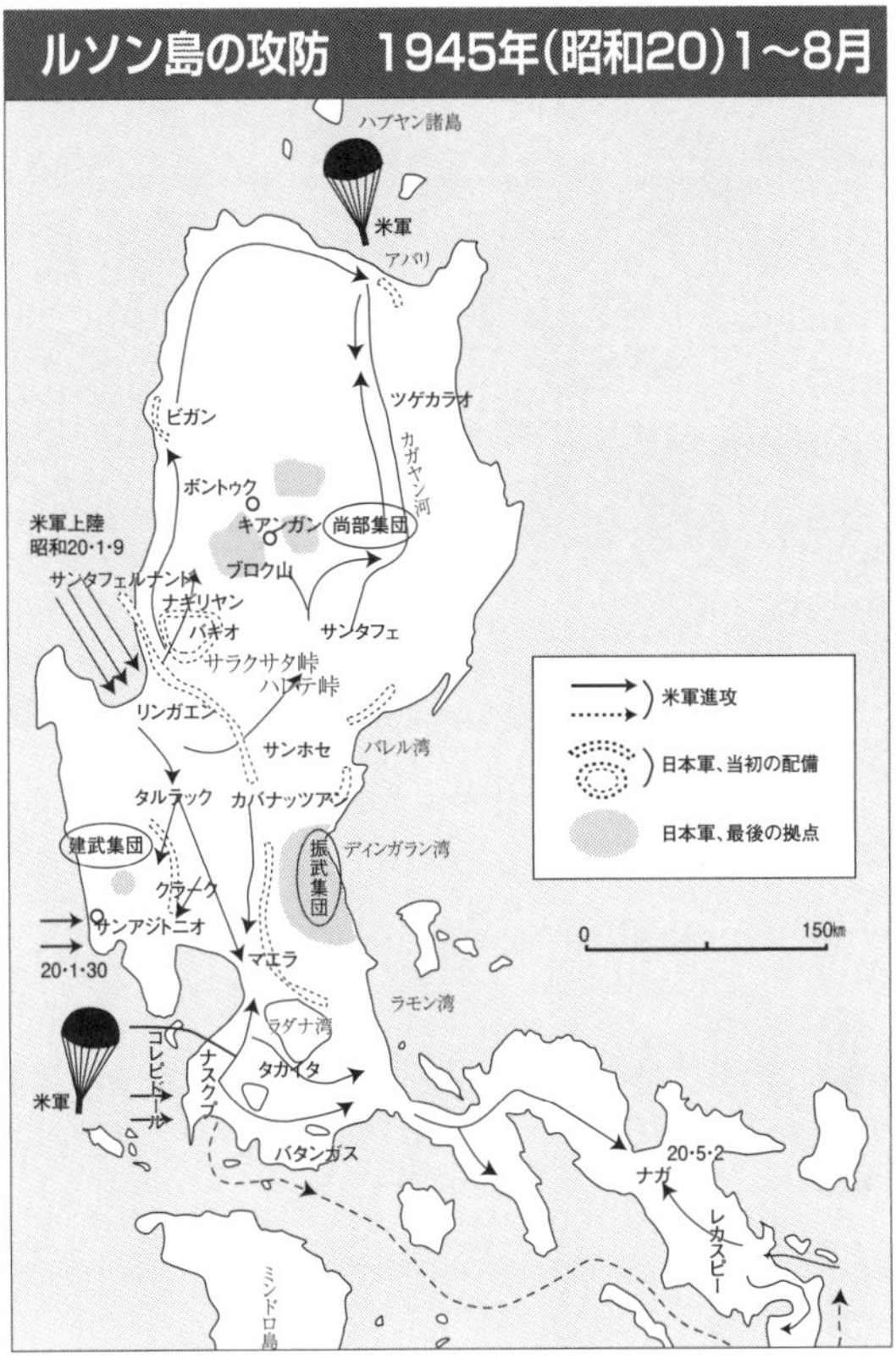

三つの集団は尚武《しょうぶ》集団（山下大将直率）が約一五万二〇〇〇名でルソン島北部を拠点にし、振武《しんぶ》集団（横山静雄中将指揮）、約一〇万五〇〇〇名は島の中南部を拠点とし、建武《けんぶ》集団（塚田理喜智中将指揮）約三万名はクラーク飛行場群の西方を拠点に迎撃することになった。

山下大将は、日本軍がフィリピンを攻略したときマッカーサー元帥がそうしたように、マニラから部隊を撤退させてオープン・シティにしようとしたが、海軍部隊は命令に従わず、約一万名が市内に残った。

日本軍の各集団は、人員は多いが戦闘部隊は少なかった。尚武集団のうち約七万名は、陸軍航空部隊の地上要員（整備、飛行場警備など）などだったし、建武集団は実際

激戦地サラクサク峠の米軍と峠に進出した米軍の105ミリ自走砲。

は一個歩兵連隊（約三〇〇〇名規模）が唯一の戦闘部隊で、ほかは陸海軍航空部隊の地上要員だった。

地上戦の勝敗は、戦車や各種大砲類をどれだけ備えているかにかかっている。ところが、戦車は戦車第二師団の約二〇〇輛がほとんど唯一といってよく、各種大砲類は師団砲兵部隊が装備している程度である。航空機は米軍がリンガエン湾に上陸するところをとらえて、全機特攻を行い、一機も残らなかった。

米軍とゲリラに追いつめられ持久戦に入るルソンの日本軍

米軍が上陸して最初の激戦がアグノ河流域（リンガエン湾から約四〇キロ）の戦闘である。第二三師団と戦車第二師団が米軍の進出を阻《はば》もうとした。
ところが日本の九七式戦車の四七ミリ砲は、アメリカのM4戦車の七五〜五〇ミリ装甲にことごとく撥ね返された。M4戦車の七五ミリ加農砲は「(日本の) 戦車の装甲 (二五ミリ) を貫徹し、一瞬にしてこの鋼板を溶かして、戦車を炎上させた」(当時戦車第二師団参謀河合重雄「戦車第二師団ルソンに潰ゆ」『丸・別冊「日米戦の天王山フィリピン決戦記」所収)。

戦車をすべて失って西方山中に撤退したのは二月初めである。尚武集団はルソン島北部のカガヤンバレー (河谷) に入って持久に徹するつもりだった。各部隊はバレテ峠を越えてカガヤンバレーに急いだ。そのあと、バレテ峠やそこに通じるサラクサク峠で米軍を阻止しようとした。バレテ峠を第一〇師団が、サラクサク峠を戦車を失って歩兵となった戦車第二師団が守った。

戦車と各種大砲をふんだんに繰りだし、数日間戦闘したら別の部隊と交替するという米軍に対して、日本守備軍は死力を尽くして戦い、約三カ月戦い抜いて撤退した。両峠で日本軍は約一万二

激戦地バレテ峠で戦車砲を担いで補給する米軍。

アメリカ軍の砲撃で破壊されたマニラ市中心部。

マニラ市内の路上に倒された日本兵と一息つく米兵。

〇〇〇名戦死したが、米軍の戦死はわずかに一六六〇名、戦傷二四三〇名という。

山下大将の司令部は最後にはプログ山中の複郭陣地に拠《よ》った。プログ山はルソン島最高峰で二九二九メートル、マニラの北方約二三〇キロにある。

カガヤンバレーにおける戦闘は、米軍と住民の積極的な協力を得たフィリピン・ゲリラ部隊による残敵掃討に等しかった。日本軍は山中に潜み、ときどきは集落を襲撃して食料を奪った。空腹から食料探索でうろつく味方兵士を殺して食する者もいたといわれる。小部隊ごとに付近の米軍を攻撃して全滅するケースもあったし、積極的な攻撃を受けてちりぢりになる部隊もあった。

市民一〇万の犠牲を強いた、マニラ市街戦の悲惨！

山下大将の命令を無視した日本海軍第三一特別根拠地隊司令官岩淵三次《いわぶちさんじ》少将は、約一万名のマニラ海軍防衛部隊を指揮してマニラ市に進攻してきた米軍と戦った。陸軍は野口勝三《のぐちかつぞう》大佐がマニラ残留部隊や召集されたマニラ在住日本人を率いて、岩淵少将の指揮下に入った。

だが戦車も装甲車も大砲もなく、小銃さえ三人に一挺《いっちょう》という裸同然の部隊だった。防衛部隊一万名の大半が、海軍の病院や軍需部など非戦闘部門の勤務者だったからである。

米軍は、まず自動車部隊でマニラに進攻し、サント・トーマス大学のアメリカ人捕虜収容所を解放した。

日本軍はマニラに進入するためのパシグ河に架かる四つの橋を破壊したが、米軍はマラカニアン地区から渡河して市街地に入った。米軍は日本軍が立てこもるビルを無差別に砲撃し、市街地は瓦礫と化した。

岩淵少将以下が最後に立てこもったのが農商務省ビルで、ここも攻撃されて進退きわまり、岩淵少将以下は自決した。

一九四五年二月初めから二十六日まで、二十日間あまり続いたこの市街戦で、マニラ市民約一〇万名が犠牲となった。米軍に抵抗するにしても、市街地を離れたところを選べば、これほどの犠牲を強いることもなかっただろうにと、悔やまれる抵抗戦ではあった。

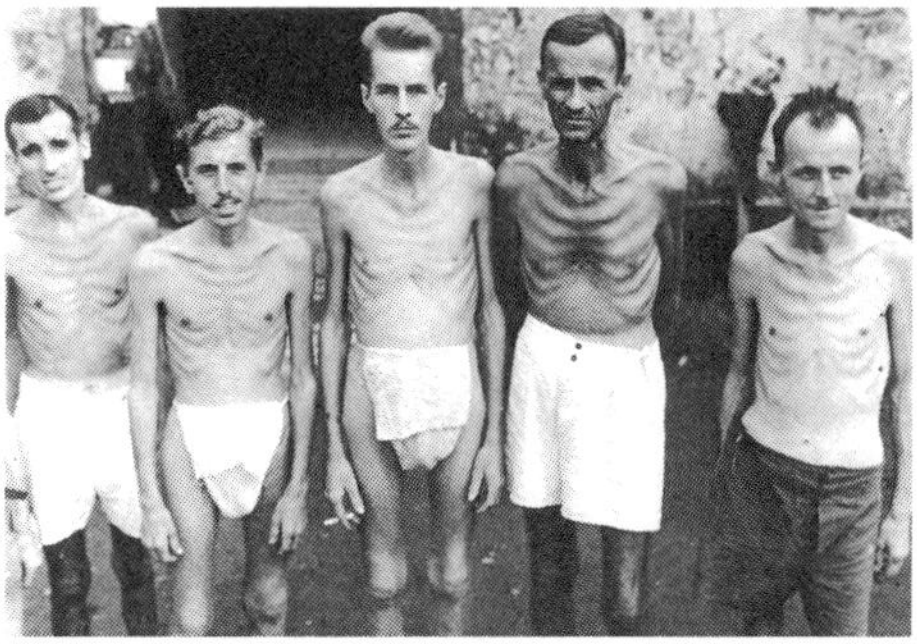
マニラの捕虜収容所から救出されたアメリカ軍捕虜。

五〇万の戦死者を出したフィリピン決戦の終焉

山下大将はルソン島にかぎらずフィリピンの日本軍すべてに対して、永久抗戦命令を発していた。今日からみると異様な命令だが、捕虜になることを禁じていた当時の日本軍としては、ごく普通のことであったろう。

結局、ルソン島の日本軍が全軍の玉砕を避けて降伏したのは、日本そのものが連合軍に降伏したあとだった。プログ山から下りてきた山下大将が、降伏文書に調印したのは一九四五年九月三日である。その前日の九月二日、東京湾の米戦艦「ミズーリ」では、日本国と連合国との降伏調印式が行われていた。

ルソン島の戦死者は、尚武集団が九万七〇〇〇名、振武集団が九万二五〇〇名、建武集団が二万八七〇〇名で、合計二一万八二〇〇名だった。

フィリピン全域には陸海軍部隊約六二万五〇〇〇名が駐屯していたが、戦死者は四九万八六〇〇名とされている。これは、一つの戦場としては太平洋戦争で最大の戦死者数だった。

野戦病院内で自決した日本兵。バギオの東51キロバヨンボ付近。

硫黄島玉砕戦　米軍の死者が日本軍を上回っていた

灼熱の孤島に散った栗林兵団2万1000名

なぜ日米両軍は太平洋の孤島・硫黄島を激闘の地にしたのか

硫黄島《いおうとう》は東京都小笠原《おがさわら》諸島の一つである。現在は海上自衛隊の基地があるだけだが、太平洋戦争までは住民約一〇〇〇名が住んでいた。日本軍はそれら住民を日本本土に強制移住させ、防備を固めた。それが栗林忠道《くりばやしただみち》中将指揮の小笠原兵団である。兵力は海軍部隊約六〇〇〇名を合わせた約二万一〇〇〇名だった。

硫黄島はマリアナ諸島のサイパン島と東京間約二五〇〇キロのちょうど中間に位置している。米軍はサイパンを奪取した直後の一九四四年七月から、東京など日本本土を空襲するスーパーフォートレス（超空の要塞）B29の出撃基地をサイパン、テニアン、グアムに整備した。そして十一月末から本格的な東京空襲を開始した。

小笠原兵団長・
栗林忠道中将（没後大将）

その米軍にとって心配だったのは、往復五〇〇〇キロも飛行するB29爆撃機に、護衛の戦闘機をつけられないことだった。戦闘機には五〇〇〇キロもの航続距離はない。また、完成直後のB29は故障が多かった。さらに日本空襲では日本軍の戦闘機も必死で反撃に出るに違いない。防御装置が優秀なB29は、日本機の機銃が命中してもすぐには墜落しないだろうが、サイパンまでたどり着けるかどうかは心配だった

そこで米軍は、マリアナと日本の中間に戦闘機の基地とB29が不時着できる基地がほしかった。その基地として硫黄島は最適だったのである。

米軍はB29に関してはその概要や写真を公表していた。日本の政府や軍部も、中立国の新聞や雑誌などに掲載された記事や写真からB29の情報は得ていた。さらに東京空襲が始まる前に北九州一帯が空襲され、その際撃墜したB29を調査し、その全容をつかんでいた。

日本軍はB29の航続距離などから、米軍がサイパンを占領すれ

硫黄島をめざす米軍の水陸両用車の群れ。

上陸2日目、摺鉢山を攻撃する米軍。

ば、そこがB29の出撃基地になるだろうと予想した。そうなると米軍は、次には硫黄島を占領しようとするに違いないと考え、栗林兵団を送って防備を固めたのである。軍人の発想は、日米ともにそれほど大きな差はなかったようなのだ。

死闘五日目に翻《ひるがえ》った摺鉢山の星条旗

米軍は一九四五年（昭和二十）二月十九日、硫黄島に上陸した。

小笠原兵団は上陸を始めた米軍をすぐには攻撃しなかった。何がなんでも上陸させまいとして海岸で阻止する戦法（水際《みずぎわ》作戦）はとらず、ある程度部隊が上陸してから一斉に攻撃した。なぜなら、水際作戦はサイパンなどこれまでの経験から、すぐに兵力を大きく消耗し、長く戦えなかったからである。

小笠原兵団に課せられた任務は勝利ではなかった。なるべく長く戦って、米軍の死傷者を増やすことを最大の目標とした。そうすれば、日本本土における決戦（米軍が九州や関東に上陸したときの戦い）準備のための時間をかせげ

摺鉢山に掲揚される星条旗。このスナップが米国内で有名になった。

るからだ。
そのため小笠原兵団は陣地を地下に設け、陣地と陣地の間をトンネルで結んだ。地下陣地とトンネルは、米軍の上陸前の激しい爆撃から小笠原兵団を守る役目も果たした。

硫黄島の南端にある最高峰・摺鉢《すりばち》山（一六一メートル）には多くの砲台が築かれた。しかし、その大半は上陸前の空爆で破壊されていた。上陸直前の激しい砲爆撃を目撃している多くの米兵は、まさか日本兵が無傷に近い状態で生き残っているとは思えなかった。だが、日本軍は生きていたのである。そして死にものぐるいの抵抗戦を始めた。

硫黄島の米軍進撃状況 1945年(昭和20)2月19日～3月

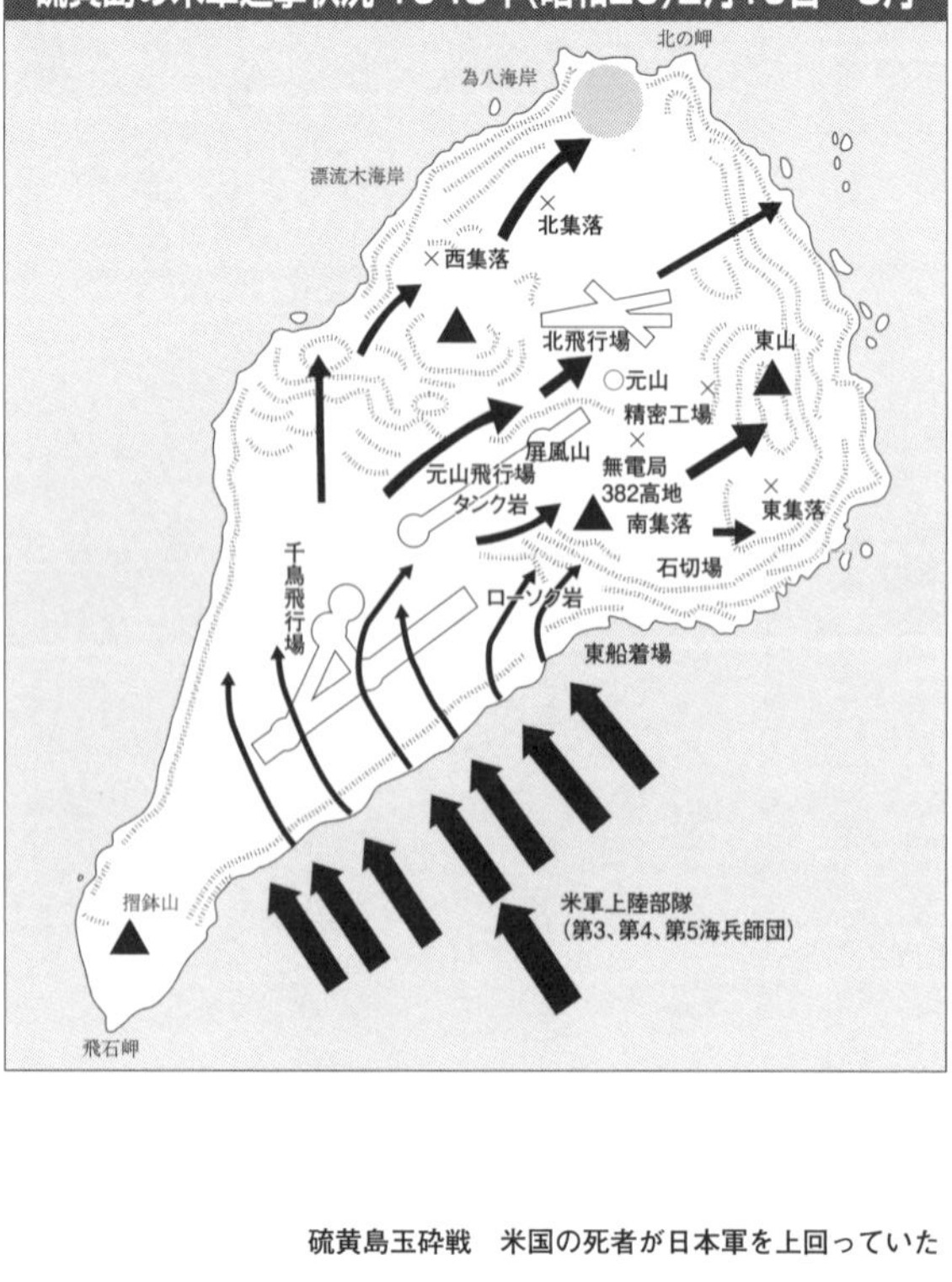

激闘は二日、三日と続き、米軍が摺鉢山の頂上に星条旗を打ち立てたのは、上陸五日目の

二月二十三日だった。すでにこのとき米軍の死傷者は五〇〇〇名を超えていたので、アメリカ本土では硫黄島の戦いに異常な関心が寄せられていた。だから新聞に載せられた、摺鉢山に星条旗を立てようとする六名の兵士の写真は感動を呼び、兵士らはたちまち全米の英雄になった。

摺鉢山に星条旗が翻って、戦いの行方ははっきりしてきた。しかし日本軍は地下陣地を縦横に駆使して、神出鬼没《しんしゅつきぼつ》のゲリラ戦を続けた。なにしろ米軍上陸前から、

「我らは爆弾を抱《いだ》きて敵の戦車にぶつかり之《これ》を粉砕《ふんさい》せん」

「挺身敵中《ていしんてきちゅう》に斬《き》り込み敵を鏖殺《おうさつ》せん（鏖殺は皆殺しにすること）」

などと唱和しつつ、覚悟を決めていた小笠原兵団である。飯《めし》がなくなろうと、弾《たま》が切れようと、過激なゲリラ戦に徹した。事実、爆弾を背負って戦車に体当たりしていった兵士もかなりを数えた。

米軍は、この見えない敵に対し焼殺作戦に出た。地下陣地の入り口を見つけては火炎放射器で攻撃し、ガソリンを流し込んで火をつけ、あるいは黄燐《おうりん》（空気中で発火し猛毒を出す）を流し込み、その後で入り口をふさいだ。

やがて島のあちこちで小部隊ごとの玉砕が続いた。いよいよ最期が迫ってきたのだ。そして三月十七日、小笠原兵団司令部の訣別電報が東京に向けて発せられた。しかし司令部はま

洞窟に潜む日本兵を火炎放射器で攻撃する米兵。

だ残っており、実際の玉砕突撃は三月二十五日の夜半に決行された。

兵団司令部が玉砕したとき、島内の地下洞窟にはまだ約六〇〇〇名が生き残っており、細々とゲリラ戦を続行していたと推定されている。実際、ゲリラ戦は終戦の八月十五日になってもやまなかった。この間、捕虜になる辱《はずかし》め（将兵の心得としての『戦陣訓』の中に出てくる言い方）をあえて甘受し、地下洞窟から出て投降した者もいた。

そうした勇気ある将兵を含めても、硫黄島における捕虜は一〇〇〇名を少し超える程度だった。米軍は戦死六八二一名、戦傷二万一八六五名を出した。すなわち、米軍の死傷者合計は日本軍の死傷者合計を上回ったのである。一つの戦場としては唯一の例である。

沖縄防衛戦　鉄の暴風にさらされた沖縄の軍民

沖縄本島を取り囲んだ艦艇の数13000隻

日本本土決戦の防波堤になる沖縄守備軍と県民の抵抗戦

米軍は一九四五年（昭和二十）四月一日に沖縄本島に上陸してきた。米軍上陸に先立つ約一週間、沖縄は艦砲《かんぽう》射撃と航空攻撃の砲弾と爆弾の雨にさらされた。沖縄本島を取り囲んだ艦艇は戦艦や重巡洋艦の大型艦から、駆逐艦や掃海艇などの小艦艇まで入れると一三〇〇隻にものぼった。それら艦艇のさらなる沖合には、空母が一〇隻以上控えていた。

上陸前の一週間に射撃された砲弾は第五二機動部隊だけでも二万八〇〇〇発にものぼった。こうした機動部隊は少なくとも四群あった。艦砲射撃が届かない地域には、空母から爆撃機が発艦して空襲したが、出撃機数は延べ三〇九五機に達した。

上陸当日の砲爆撃も尋常ではなかった。戦艦一〇隻・巡洋艦九隻・駆逐艦二三隻を含む一

沖縄守備軍の第32軍司令官・牛島満中将（没後大将）

沖縄本島に向けて艦砲射撃をする米艦艇。

ロケット弾も撃ちこまれた。

七七隻が、二時間で口径五インチ（約一二・五センチ）砲以上を四万四八二五発、ロケット弾を二万三〇〇〇発、臼砲弾《きゅうほうだん》を二万二五〇〇発撃ち込んだ。

それが終わると、上陸地点から奥行き九〇〇メートル以内で、三〇平方メートル（一〇メートル×三メートル）につき二五発の各種砲弾が撃ち込まれた。最後に空母の艦上機六五機を一隊とする二個編隊が、かわるがわる海岸一帯を機銃掃射した。沖縄戦は鉄の暴風にさらされたとよく表現されるが、具体的にはこのような想像を絶する砲爆撃を指している。

こうして米軍はようやく上陸した。読谷《よみたん》、嘉手納《かでな》両飛行場の西正面海岸である。迎え撃ったのは牛島満《うしじまみつる》中将に率いられた第三二軍（海軍部隊も合わせて兵力約七万超）であり、召集された一六歳から四五歳までの県民男子で編成された防衛隊（二万五〇〇〇名）であり、師範学校・中学校・専門学校の男子生徒で編成された鉄血勤皇隊（一七六一名）や、同じく女子生徒で編成された救急看護衛生班（五四三名）であった。

沖縄独特の墓を探索する米兵。大きくて中が広いので、避難場所として使用された。

占領された地域では住民票が交付された。

有名な「ひめゆり部隊」は、救急看護衛生班のなかの沖縄師範学校女子部（一二〇名）と県立第一高等女学校（二〇〇名）の三二〇名を指している。日本軍の正規部隊に、これら防衛隊、学徒隊を合わせた合計は約十一万だった。対する米軍の総兵力は、支援部隊も含めると約五四万八〇〇〇名を数えた。もちろん米軍にとっても、太平洋戦争最大の敵前上陸作戦だった。

上陸してきたこの米軍の大群に対して、当初、日本軍はまったく抵抗しなかった。そして読谷と嘉手納の両飛行場は米軍に無血占領された。

日本軍はゆっくりと、少しずつ、ねばり強く戦って、米軍の死傷者を増やす作戦、いわゆる持久戦に徹しようとしたのである。全力で反撃しても勝てる見込みはまったくなかったからだ。持久戦で時間をかせぎ、本土決戦の準備に力を貸そうとしたのである。本土決戦とは米軍が九州南部や関東地方などに上陸したときの戦いである。

米軍は日本軍の抵抗を排して一歩一歩進撃した。日本軍は嘉数《かかず》

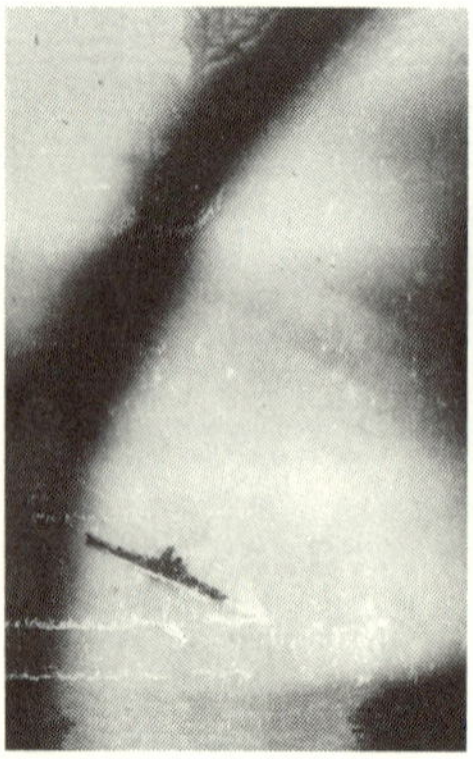

波状攻撃される戦艦「大和」。

空母「フランクリン」の艦橋に特攻機が激突した瞬間(1945年3月19日)。

特攻機の体当たりで黒煙をい吐く空母「バンカーヒル」(1945年5月11日)。このあと戦場を離脱。

や前田など多くの陣地で激しく抵抗し、前進を阻止した。

日本軍の司令部は首里城《しゅり》の地下に広い壕を掘り、そこに置かれていた。米軍は上陸地点から、この首里の司令部壕近くまで進撃するのに一カ月半以上かかった。距離にしてわずか十数キロだから、いかに最前線の日本軍が激しく抵抗したかが想像できる。

本土からの沖縄航空特攻と戦艦「大和」の海上特攻

日本軍の作戦を指揮する大本営は、沖縄へ援軍を送ることも、空母を派遣して航空攻撃を仕掛けることもできなかったが、別の方法で第三二軍を支援した。

第一が航空特攻である。主として鹿児島県や宮崎県など南九州の基地から特攻機を飛ばして、沖縄周辺海域にいる米空母や戦艦に体当たりした。もっとも有名な特攻基地が、海軍は鹿屋《かのや》(鹿児島県の大隅半島)、陸軍が知《ち》覧《らん》（鹿児島県の薩摩半島）である。

この航空特攻に海軍は菊水《きくすい》作戦と名づけ、陸軍は単に航空総攻撃と名づけた。例外はあるにしても、だいたい同じ日に特攻部隊が出撃した。菊水作戦も航空総攻撃も四月六日～七日（菊水一号作戦・第一次航空総攻撃）から六月三日～七日（第一〇次航空総攻撃）、六月二十二日（菊水一〇号作戦）にわたった。

この間、海軍航空隊は九七二機が特攻し、一五九〇名が戦死し、陸軍航空隊は八八二機が特攻し、一〇二〇名が戦死した。もちろん、特攻ではなく出撃し、戦死した者も多かった。

第二の支援作戦が戦艦「大和」の海上特攻だった。「大和」に軽巡洋艦「矢矧《やはぎ》」と駆逐艦八隻を随伴させて沖縄本島まで赴き、付近の米艦船を巨砲で撃って撃って撃ちまくり、刺し違えようとした作戦である。重油は燃料タンクの底をさらうようにして調達した。

空母艦上機の護衛がつかない出撃は、必ず途中で米航空隊の攻撃を受けるから、無駄な出撃であると、指揮官の伊藤整一《いとうせいいち》中将は抵抗した。それに対して連合艦隊参謀長草鹿龍之介《くさかりゅうのすけ》中将は、「一億総特攻の魁《さきがけ》になってもらいたい」と懇請した。伊藤中将は、そういうことならば話は別だと承諾し、出撃に反対する部下に対しては、「われわれは死に場所を与えられたのだ」と話して納得させたという。

当時は「一億玉砕・一億総特攻」のスローガンのもと、米軍が本土に上陸してきても最後の一人まで戦い抜くことになっていたのである。日本領だった朝鮮と台湾の人口を合わせると、ちょうど一億人程度だったのだ。四月六日、「大和」艦隊は瀬戸内海を出撃した。そして翌七日朝、薩摩半島坊《ぼう》ノ岬《みさき》沖に達したが、正午過ぎから米空母航空隊の攻撃を受け始め、魚雷一〇本と爆弾四発を命中させられて沈没した。軽巡「矢矧」と駆逐艦四隻も沈没、伊藤中将など「大和」乗員の二七三三名を含む三七二一名が戦死した。

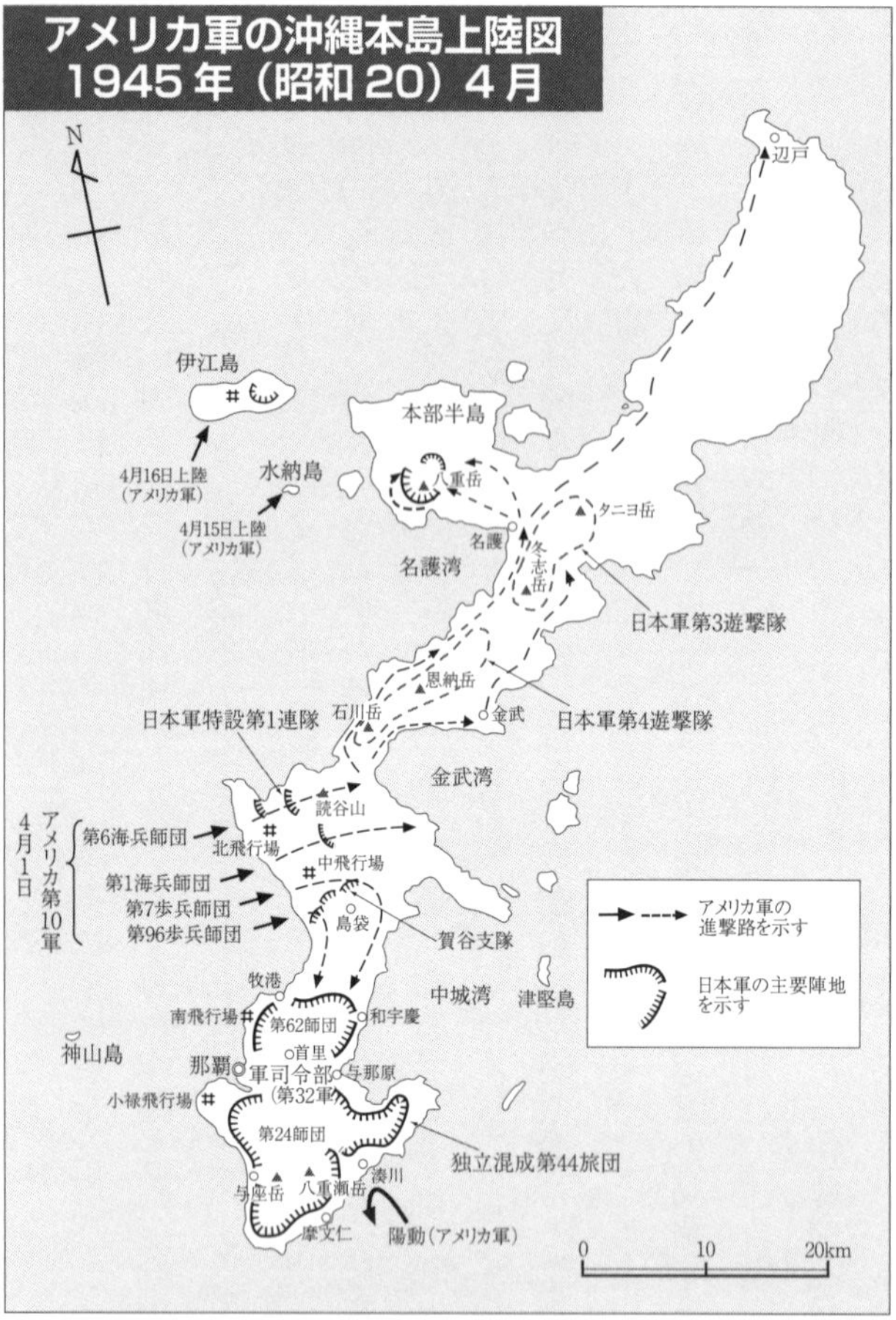

アメリカ軍の沖縄本島上陸図
1945年（昭和20）4月

部隊とともに島尻へ、沖縄県民の死闘と犠牲

沖縄本島の戦いは、米軍が首里に迫ったとき大きな転換点を迎えた。最前線の部隊（特に第六二師団）は玉砕を望んだが、牛島満軍司令官は、玉砕ではなく長く抵抗することが最大の任務だとして、島尻（南部地区）方面に後退しながら抗戦を続行することに決した。司令部は五月二十二日から首里の撤退を始めた。

軍司令部は島尻の摩文仁《まぶに》の丘の洞窟に入った。撤退途中で約二万名の日本軍将兵が戦死し、急ごしらえの陣地に布陣した日本軍は約三万名と推定される。

日本軍とともに県民も多数が島尻地区に移ったが、移動途中に多数が爆撃で殺された。生き延びた者は島尻に数多くある自然壕に入ったが、多くはすでに兵隊が入っていたので、追い出されたり、入れてもらえなかった。なんとか入れてもらえても、泣き叫ぶ赤ちゃんが絞め殺されたりするケースも少なくなかった。

米軍が上陸した直後、避難先の洞窟内で家族ごと、地区の住民ごと殺し合って玉砕したケースが頻発した。これは軍人にかぎらず、民間人も捕虜となるより死ぬ方が日本人としての道徳に合っていると、徹底的に教育されていたからである。特に女性は、捕虜になったら辱《はずかし》めを受けると思いこんでいたためもあった。

沖縄戦の最中に梅雨となった。泥濘にはまった米軍の155ミリ砲。

1945年5月6日の戦闘。

島尻地区で洞窟を追い出された県民は、南端の喜屋武《きゃん》岬や、ギーザバンダの断崖（摩文仁の丘から具志頭《ぐしがみ》城跡まで続く約四キロ、幅一キロの断崖）に追いつめられた。そしてそのまま入水《じゅすい》したり断崖から投身自殺する者が絶えなかった。ちょうどサイパン島のマッピ岬から、追いつめられた日本の民間人が米軍の捕虜になるのを拒否してバンザイ自殺したようにである。

ギーザバンダでは米軍は海上から拡声器を使って投降を呼びかけたが、投身はやまなかった。ギーザバンダもマッピ岬同様にスーイサイドクリフ（自殺の崖）と呼ばれるようになった。

島尻地区に移ってからの戦いは、米軍にとっては一種の残敵掃討に近かったが、沖縄県民にとっては多くの犠牲者を生む戦場となった。

日本軍が最後の抵抗ラインとした八重瀬《やえせ》岳～与座《よざ》岳～国吉《くによし》丘陵の南部だけで、約八万名の県民が犠牲になったと推定される。沖縄本島の犠牲者は約一三万九〇〇〇名（人口の三五パーセント。沖縄全体では人口の三〇パーセントにあたる約一四万八〇〇〇名）だが、そのうちの八万名がこの狭い地域で命を落としたわけである。

ところで、日本陸軍が島尻地区に移動したとき、小禄《おろく》（現在の那覇空港付近）に陣を張っていた海軍部隊は移動しなかった。そして小禄付近に上陸した新手の米軍と一戦を交え玉砕した。

海軍部隊指揮官（沖縄方面根拠地隊司令官）の大田《おおた》実《みのる》少将は、自決（六月十三日）直前に海軍次官（海軍省のナンバー2）に電報して、沖縄県民がいかに自らを犠牲にして献身的に軍に協力したかを詳しく報告した。そして最後に、「沖縄県民かく戦えり。県民に対し後世特別の御高配を賜らんことを」と結んだ。

陸軍は、軍司令官牛島中将と参謀長長勇《ちょういさむ》中将が自決した六月二十三日、組織的な抵抗を終えた。日本軍の戦死は沖縄本島だけで六万五〇〇〇名、沖縄全体では約七万五五〇〇名、米軍の戦死は一万四〇〇七名（うち海軍約五〇〇〇名）、戦傷約三万二〇〇〇名（陸軍、海兵隊のみ）だった。

急造の仮収容所に入れられた日本軍捕虜と民間人。

日本人を使って、断崖からの投身自殺をやめ、投降するよう呼びかける米軍。

日本大空襲　無差別爆撃で焼き尽くされる日本の主要都市

無差別空襲の焼死者は約50万人

軍需工場への精密爆撃で始まった超空の要塞B29の日本空襲

米陸軍の爆撃機ボーイングB29は、当時の軍用機では世界最大の爆撃機で、しかも高度一万メートルを悠然と飛ぶところから、スーパーフォートレス（超空の要塞）と呼ばれた。この超空の要塞が日本本土を初空襲したのは、一九四四年（昭和十九）六月十六日未明、北九州の八幡（現北九州市）である。八幡には日本最大の八幡製鉄所（現新日本製鐵）があり、そこを爆撃した。

　このときのB29は中国四川省の成都から出撃した。その日は米軍がマリアナ諸島のサイパン島に上陸した翌日だった。サイパン占領の意図は、そこから東京を空襲することだったが、ア

富士山上空を経て東京へ向かうB29の編隊。

ビルの外側だけが残った大阪。遠景に大阪城が見える。

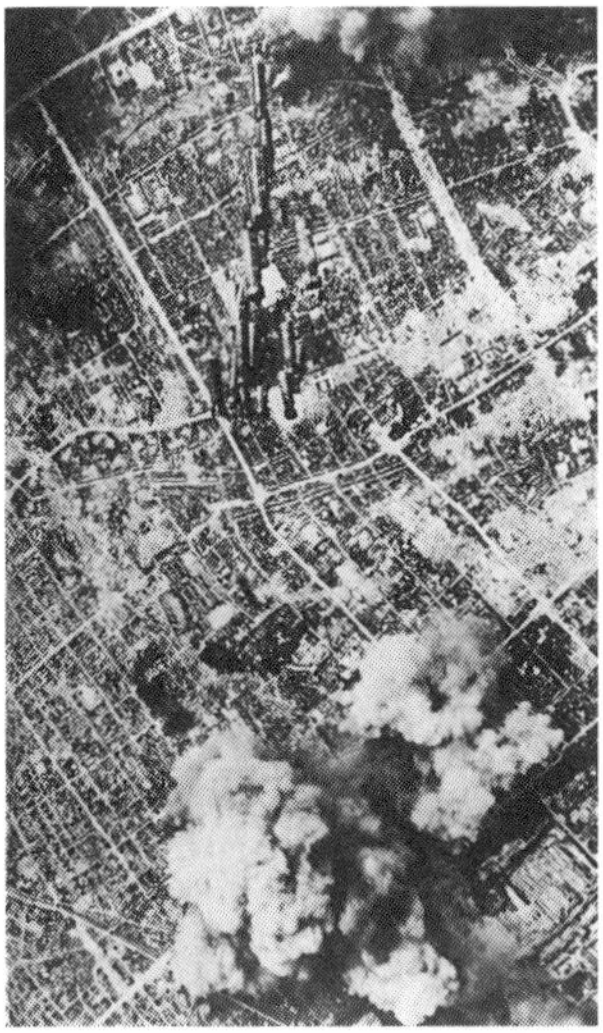

B29の爆撃で燃える名古屋市。

メリカは待ちきれずに成都から日本空襲を開始したのである。しかし、成都を基地にした場合は、北九州までが限度であった。

サイパン発のB29が東京を初空襲したのは一九四四年十一月二十四日で、中島飛行機武蔵製作所（現東京都武蔵野市）が最初の標的となった。すなわち、米軍の初期の空襲目標は軍需工場に的を絞ったものだった。いわゆる「精密爆撃」と呼ばれたピンポイント攻撃である。

東京のほか名古屋、神戸などの軍需工場が狙われたが、雲が多いなど状況によっては市街地にかまわず投下した。精密爆撃といっても実際には無差別空襲も行われたのである。ただ、このときの空襲指揮官（第二一爆撃兵団司令官）ヘイウッド・S・ハンセル准将は、精密爆撃にこだわった指揮官といわれる。

しかしこの精密爆撃は、米軍からみれば効果が薄かった。「精密」とはいっても、電子機器を駆使した現在のピンポイント攻撃とは違い、爆撃手の視力とカンに頼る爆弾投下だったから、正確さが格段に低かった。

上級司令部（第二〇航空軍）は一九四五年一月末、ハンセル准将を更迭してカーティス・E・ルメイ少将を新しい指揮官に任命した。

東京大空襲で始まった米軍の都市無差別空襲

ルメイ少将は日本空襲の指揮を執《と》るまでヨーロッパ戦線におり、ドイツの各都市に対する無差別絨毯爆撃で有名になった指揮官だった。

米軍はB29を開発しつつ、日本空襲では焼夷弾を投下して都市を焼き払う実験をくり返していた。木造建築が大部分の日本の都市はよく燃えるはずだと、実験地に木造建築の市街地をつくり、本当に燃えるかどうかを確かめていた。

本格的な無差別空襲は三月十日未明の東京大空襲から始まった。約三〇〇機のB29（マリアナ基地を出撃時三三四機、東京到達二九八機、日本側の観測は一三〇機）が台東区、墨田区、江戸川区など東京の下町一帯に焼夷弾一六六五トンを降り注いだ。焼失家屋約二七万戸、焼死約一〇万名、負傷約四〇万名、罹災《りさい》人口約一〇〇万といわれる。

焼き払われた神戸市中心街。

以後、名古屋、大阪、神戸が矢継ぎ早に無差別空襲された。

●三月十一日　名古屋市にB29二八八機来襲。投下焼夷弾一七九〇トン。三万戸焼失、六〇〇名焼死。

●三月十三日夜半から十四日未明　大阪市にB29二七九機来襲。投下焼夷弾一七三二トン。一三万三〇〇〇戸焼失、三〇〇〇名焼死、五一万名が罹災。

●三月十七日未明　神戸市にB29三〇九機来襲。投下焼夷弾二三二八トン。約六万五〇〇〇戸焼失、二六〇〇名焼死、二三万六〇〇〇名が罹災。

これはほんの序の口で、米軍は焼夷弾が底をつくと通常爆弾で間断なく爆撃をくり返し、焼夷弾の準備が整うと改めて焼け野原空襲を行った。東京は小規模のものを含めると約一〇〇回空襲されたが、三月十日の大空襲に匹敵するかそれ以上の規模の空襲が四回あった。
大阪は三三回、神戸は三回の大空襲を含めて一二七回、名古屋は六三回、横浜は五月二十九日に大空襲（B29四七五機、投下焼夷弾二五六九トン。三万戸焼失、三八〇〇名焼死、三一万三〇〇〇名罹災）があった。

焼かれる横浜市の中心街。

六月からは地方都市へ移り、県庁所在地で無差別空襲を受けなかったところは札幌や金沢など数カ所に過ぎなかった。この無差別空襲による焼死者は、約五〇万と推測されている。

第6章 無条件降伏

天皇の「聖断」が封じた陸海軍首脳の降伏絶対反対

巨大なキノコ雲を立ち上らせる長崎に投下された原爆。

幻に終わった終戦工作　本気でソ連に頼ろうとした日本政府

有効期間は5年間だった日ソ中立条約

ソ連の反日的態度表明の心底を読めなかった日本

日本政府が連合国との「和平」を具体的に考え始めたのは、沖縄に米軍が上陸し、日本海軍の象徴ともいえる巨艦「大和」がむなしく撃沈されて間もなくである。もはや勝つ望みが消え失せた日本政府は、いかにして国体（天皇制）を護持し、そして降伏できるかということを模索しはじめたのである。

その戦艦「大和」が、沖縄の米軍に海上特攻をしかけるために瀬戸内海を出撃する前日の一九四五年（昭和二十）四月五日、ソ連が日ソ中立条約の不延長を通告してきた。この条約は一九四一年四月十三日に調印され、同二十五日に発効されたもので、有効期間は五年間だった。両国とも満了期間（一九四六年四月二十四日）の一年前までに破棄を通告しない場合は、さらに五年間が自動延長されることになっていた。

日本はなんとか延長しようと交渉していたが、すでに米英との「ヤルタ協定」（一九四五年二月十一日調印）で対日参戦を約束していたソ連は、延長は承諾しなかった。

ソ連の反日的態度はこれだけではなく、スターリン首相は一九四四年十一月の革命記念日の演説では、公然と「侵略常習国日本」と避難していたし、ひそかに極東への兵力増強も開始していた。その兵力増強も、中立条約不延長通告後は堂々と行うようになっていた。ここで、もしもソ連が戦争をしかけてきたら、それこそ日本は最悪の状態に陥る。政府も軍部も焦燥感に包まれていた。

ヤルタに集って対日参戦やその見返りなどを決めた3国首脳。左からチャーチル英首相、ルーズベルト米大統領、ソ連首相スターリン。

一九四五年五月十一日から三日間、最高戦争指導会議構成員会議というのが行われた。この会議は四月七日に登場した鈴木貫太郎内閣の六巨頭会談で、いってみれば国の最高意志決定機関である。メンバーは鈴木首相、東郷茂徳外相、米内光政海相、阿南惟幾陸相、梅津美治郎参謀総長、及川古志郎軍令部総長だった。

ここで決定されたのは①ソ連の対

日参戦を防止する、②ソ連の好意的態度を引き出す、③わが国に有利な戦争終結の仲介を依頼する、という三点だった。

なぜソ連なのか？ そのときはまだ日ソ中立条約が有効だったからというのが理由だったが、明治維新以来、日本はつねにソ連を仮想敵国にしてきたし、ソ連が終戦の仲介を引き受ける可能性はきわめて低かった。東郷外相自身も、すでに手遅れで、ソ連は十中八九は引き受けないだろうと思っていた。しかし他に手だてのない日本は、代償＝お土産を用意して交渉を開始することにした。

お土産は①南樺太の返還、②津軽海峡の開放、③満州北部の鉄道の譲渡、④内モンゴルにおけるソ連の勢力範囲の承認、⑤旅順・大連のソ連による租借、といったものだった。さらに、場合によっては北千島の譲渡も考えるが、朝鮮は日本に保留し、南満州は中立地帯にすべきであるとした。

はかなく消え去ったソ連頼みの和平工作

ソ連との交渉役は元首相の広田弘毅に委嘱された。広田はマリク駐日ソ連大使と接触を始めたが、マリクは本国の訓令を受けてぬらりくらりと逃げを打つだけだった。そしてついには、病気と称して会おうともしなくなった。

4月7日に登場した鈴木貫太郎内閣。米内光政大将（前列右端）も海相として入閣した。

六月に入り、沖縄の日本軍は壊滅した。そしてソ連軍の極東増強も伝えられ、さらに「七月中旬にベルリン郊外のポツダムで米英ソ三国巨頭会談が行われる」というニュースも入ってきた。日本の政府首脳はあせった。

七月十日夜、最高戦争指導会議構成員会議が開かれ、ソ連に特使を派遣することが決められた。特

鈴木貫太郎首相

日本はソ連に対して、連合国との和平仲介のお土産の一つに、満州北部の鉄道の譲渡も考えていた。

元首相の広田弘毅

使には元首相の近衛文麿が選ばれた。そして近衛特使のソ連派遣と日ソ会談の要望は、七月十三日の夕方、佐藤尚武駐ソ大使からソ連側に申し入れられた。しかし翌日の七月十四日、スターリン首相やモロトフ外相らソ連政府首脳は、十七日から米英ソの首脳で行われるポツダム会談に出席するため、モスクワを発ってしまった。こうして日本の特使派遣は実現せず、はかない夢と消え去ったのである。

ポツダム宣言と原爆投下　原爆に奇襲されたヒロシマとナガサキ

小倉、新潟、広島、京都の4都市が候補だった

不用意だった鈴木首相の「ポツダム宣言」黙殺発言

一九四五年（昭和二十）七月十七日からベルリン郊外ポツダムのシチリエンホーフ宮殿で行われた米英ソ三国首脳会談は、日本に降伏を促す最後通告文を作成した。そして七月二十六日に公表されたこの対日通告案とは、いわゆる日本に無条件降伏を迫る「ポツダム宣言」（米英華三国宣言）である。宣言文には、原爆の存在を示唆する文言も含まれていた。

日本の外務省首脳は内容を検討した結果、宣言のいう「無条件降伏」は言葉のアヤで、軍隊の戦闘で使われる

ポツダムで原爆実験成功を知ったトルーマン大統領は俄然強気になった。上機嫌で写真に収まるポツダム会談後のトルーマン（中）。左はチャーチル、右がスターリン。

無条件降伏という言葉にとらわれる必要はない。日本としては、この際黙っているのが賢明で、新聞にはコメントなしで発表しようということになった。

宣言の要旨は七月二十八日の各紙に掲載された。ところが、この日の最高戦争指導会議の席上、陸海軍大臣と統帥部長らは「この宣言をそのままにしておくことは、軍の士気に大きな影響を与える。政府はこれを無視する旨を正式に発表してもらいたい」と、鈴木貫太郎首相に迫った。

軍部の申し入れに、東郷茂徳外相は「そのような意思表示をすることは、終戦に関して重大な禍根を残す」と絶対反対の姿勢を見せた。しかし鈴木首相は、この日の記者会見で「この宣言はカイロ宣言の焼き直しで、政府としては重大視していない。ただ黙殺するのみである」とコメントした。

首相声明は七月三十日の新聞に報じられた。記事は「日本首相、ポツダム宣言を黙殺（サイレント・ギルド）」と海外にも流された。この鈴木首相の「黙殺」発言がアメリカの原爆投下をまねき、ソ連の対日参戦の口実とされた。それを知った東郷外相は「だからいわぬことではない」と口惜しがった。鈴木は「黙殺」を、英語の「ノーコメント」のつもりで使ったというが、のちに「この一言は後々に至る迄、余の誠に遺憾と思う点であり…」と後悔しきりだった。

広島に落とされるチビ公こと「リトルボーイ」。

母親の名前を付けた「エノラ・ゲイ」号に乗り、テニアン飛行場を出撃するティベッツ大佐。

ポツダムから出された原爆投下命令

アメリカが密かに開発を進めていた原子爆弾の爆破実験に成功したのは、ポツダム会談が開始される前日の一九四五年七月十六日だった。朗報はただちにポツダムのトルーマン大統領に伝えられた。そして米戦略空軍司令官カール・A・スパーツ大将に、トルーマン大統領署名の原爆投下命令が出されたのは七月二十五日（七月二十四日付）だった。ポツダム宣言公表の前日である。

「第二〇航空軍第五〇九混成部隊は、一九四五年八月三日以降、天候が目視爆撃を許すかぎり、すみやかに最初の特殊爆弾を次の目標の一つに投下せよ。目標・広島、小倉、新潟および長崎」

ところで、完成した原爆を日本のどこに落とすかについては、ポツダムでトルーマンがサインするまでは正式な決定はされていなかった。当初、原爆投下都市を選ぶ原爆開発計画（暗号名「マンハッタン計画」）内の特別委員会（目標選定委員会）は、一九四五年五月二十八日に次の四都市を候補にしぼった。小倉、広島、新潟、京都である。いずれも日本の軍需産業を支える工業都市である。なかでもマンハッタン計画の責任者であるレスリー・R・グローブス少将たちは、京都を第一候補と考えていた。

ところが、京都に対してはスチムソン陸軍長官が強固に反対したため、代わりに長崎が選ばれた。スチムソンはかつてフィリピン総督だったときに京都を旅したことがあり、強い印象を持っていた。スチムソンの反対理由はこうだった。

「京都は日本の古代の首都であり、歴史的に由緒のある都市であり、かつ日本人にとっては偉大な宗教的な重要性を持った心の故郷である」

グローブス少将がいかに原爆開発計画の責任者といえども、陸軍長官の反対を覆すことはできない。京都は助かったのである。

天候が選んだ投下目標ヒロシマとナガサキ

一九四五年八月六日午前一時三七分、マリアナ諸島テニアン島の米軍飛行場から三機のB29爆撃機が離陸し、それぞれ広島、小倉、長崎に向かった。いずれも気象偵察機だった。そ

左上の写真上方のT字橋（相生橋）が、広島の原爆投下目標だった。橋の手前、川沿いの建物が現在の原爆ドーム。

写真右は広島上空で炸裂する原爆。写真左方の白い部分は爆発直後の白煙。

して一時間後の午前二時四五分、さらに三機のB29が離陸した。第五〇九混成部隊指揮官ポール・ティベッツ大佐の乗る一番機「エノラ・ゲイ」には、チビ公（リトルボーイ）と呼ばれたウラニウム爆弾が積まれていた。

午前七時二五分、広島上空に向かった先発の気象偵察機からエノラ・ゲイ号に暗号通信が入った。

「雲量、全高度を通じて一〇分の三以下。第一目標を勧める」

雲量一〇分の三とは、目標上空の三〇パーセントに雲があるという意味で、ほぼ快晴に近い。ティベッツ大佐は告げた。

「ヒロシマだ」

午前八時一五分一七秒、広島市の中心を流れる元安川と本川の分岐点に架かる相生橋の上空

長崎の爆心地から500メートルの地点。右上に見える半壊の建物は浦上天主堂。

一万一〇〇〇メートルで、エノラ・ゲイの爆撃手はスイッチを押した。そして四三秒後の午前八時一六分に、チビ公は激しい閃光を放って爆発した。

街と人は、一瞬にして消えた。

三日後の八月九日の朝、今度は「ボックス・カー」と愛称されるチャールズ・スウィニー少佐指揮のB29のチームが小倉の上空に達していた。しかし小倉上空は雲が厚く、街を視認できない。スウィニー少佐は小倉を諦め、第二目標のナガサキに機首を向けた。

午前一一時二分、ボックス・カーは長崎市松山町の上空からプルトニウム爆弾「ファットマン（ふとっちょ）」を投下した。ふとっちょは地上から約五〇〇メートル上空で爆発した。強烈な閃光と爆風と熱風が人と街を襲った。そして長崎もまた、一瞬のうちに焼き尽くされてしまったのである。

原爆による犠牲者の数は、現在もまだ正確にはわからない。広島の死者は二〇万名前後と見られ、長崎の死傷者数は一二万二〇〇〇名を超えていると推定されている。

スターリンの野望　満州に押し寄せたソ連軍の大軍

兵力78万のうち、銃がない兵士10万名

スターリンはなぜ対日参戦を急いだのか

一九四五年（昭和二十）八月八日、ソビエト連邦（現ロシア共和国）は、まだ日ソ中立条約が有効にもかかわらず、日本に宣戦を布告してきた。

この年の二月に行われた米英ソ三国首脳による「ヤルタ会談」で、ソ連の対日参戦はドイツ降伏から二、三カ月以内に実施されることは確認されていた。しかし、このヤルタ会談の合意を得るまでもなく、ソ連のスターリン首相は一時も早い対日参戦を考えていた。日本敗戦後の、アメリカとの主導権争いを見据えていたからである。そしてスターリンは、同年五月にドイツが降伏するや、ヨーロッパ戦線の戦力をただちに極東へ大移動させ、満州侵攻の準備をしたのである。

七月に入り、ポツダムでの首脳会談の席で、アメリカが原爆実験に成功したことを知ったスターリンは、さらに対日参戦を急いだ。アメリカの原爆投下によって、ソ連が参戦する前

ベルリンを占領してソ連国旗を振るソ連兵。このドイツの崩壊と同時にソ連は極東への部隊移動を開始した。

に日本が降伏することを恐れたためである。

一方の日本は、そんなスターリンの腹は知るよしもなく、なんとソ連を仲介とする連合国との和平工作に一縷《いちる》の望みをかけていたのだ。

八月六日、スターリンの危惧が現実となった。アメリカが広島に原爆を投下したのだ。スターリンは対日参戦を急いだ。

八月八日、ソ連は日本政府がポツダム宣言を「黙殺」したことを理由に、中立条約を破棄して対日宣戦布告をした。午後六時に、モロトフ外相が参戦の宣言を佐藤尚武駐ソ大使に手交したのである。

佐藤大使はただちに日本宛に電報を発信した。だが、なぜかこの緊急電は日本に着かなかった。日本政府がソ連の対日参戦を知ったのは、同盟通信社が八月九日午前四時にタス通信のニュースを傍受したからだった。

満州になだれこんだソ連の大軍

八月九日午前零時、ソ連軍（司令官・ワシレフスキー元帥）は一斉に国境を越えて満州、朝鮮、南樺太になだれこんできた。満州へは四方面から侵攻してきた。

その兵力は三つの軍団に分かれていた。第一極東軍、第二極東軍、ザバイカル方面軍で、総兵力は地上軍八〇個師団、四〇個戦車・機械化旅団、三二個飛行師団である。自走砲を含む戦車は五二五〇台、飛行機五一七一機、兵力一七五万という。

このソ連軍に対する満州防衛の関東軍（日本陸軍）は二四個師団、兵力七八万といわれた。しかし、精鋭を謳われた現役兵で編成された本来の関東軍の大半は南方戦線に転用されていて、すでに満州にはいなかった。そこで関東軍では在満日本人の根こそぎ動員を行い、頭数だけはそろえたのである。装備も貧弱で、飛行機は練習機も含めて二三〇機程度しかなく、戦車部隊はないに等しく、小銃が行き渡らな

アレクサンドル・
ワシレフスキー元帥

関東軍司令官・山田乙三大将

満州の奉天（現瀋陽）郊外まで進出してきたソ連軍（上）。左は市内に入ってきたソ連軍戦車を見つめる中国人。

い兵士が少なくとも一〇万名はいたという。

勝敗は戦う前からはっきりしていた。しかし、日本兵たちは各戦線で果敢な抵抗戦を展開した。爆薬を体に巻いて敵戦車に体当たりし、手榴弾を握って敵の隊列に突入するなど、文字どおりの挺身肉薄攻撃の連続だった。

特に満州東部の牡丹江をめぐる戦いでは、迫り来るソ連戦車隊に対し挺身攻撃を敢行した。装甲の厚いソ連戦車に対抗できる武器はなく、ここでも爆弾を体に巻き付け戦車に体当たりする玉砕戦法だった。この日本軍の肉薄攻撃でソ連軍は牡丹江への侵入を阻止され、約六万の日本人は市内からの脱出に成功した。

こうした北満の関東軍の奮闘により、多くの日本人が居住する新京（現・長春）以南へのソ連軍侵入を阻止できた。

ソ連軍の満州侵入から一週間が過ぎた八月十六日午

後六時ごろ、東京の大本営から正式な停戦命令が届いた。関東軍司令部では総司令官の山田乙三大将と総参謀長の秦彦三郎中将が幕僚を集め、停戦命令に従うべきかどうか意見を聞いた。圧倒的に徹底抗戦の意見が多かった。しかし山田司令官と秦総参謀長は、「陛下の命令に従う」ことを告げた。

秦総参謀長はいった。

「あくまで抗戦を主張する者は、よろしく我らの首を刎《は》ねて、しかる後にいけ」

師団参謀長の中には、どうしても停戦に同意できないと主張する者もいたが、結局は大勢に従うほかはなくなり、八月十六日、関東軍総司令部は全軍に停戦命令をだした。

ところがソ連軍は十六日を過ぎても戦闘を続け、占領範囲を拡大していった。ソ連軍は朝鮮北部や南樺太、千島列島にも侵攻し、九月に入っても軍事行動を続けたのである。戦後の領土奪取を狙ったスターリンの野望丸出しだった。

そして日本固有の領土である歯舞、色丹、国後、択捉の北方四島は、現在にいたるも占領下にある。満州も含め、これらソ連軍占領地域では略奪や強姦が多発し、多くの日本人が犠牲となった。さらに日本へ帰る途中、食料不足や地元民らの襲撃により命を落とす人々も相次ぎ、残留孤児の悲劇も生まれた。

8月15日「終戦」　天皇の「聖断」で決まった日本の降伏

3名の終戦派と3名の本土決戦派の対立

ソ連参戦、長崎へ原爆投下　紛糾する最高戦争指導会議

一九四五年八月九日、連合国との終戦仲介を頼もうとしていたソ連から宣戦を布告された日本政府に、もう一つの激震が追い打ちをかけた。広島に続いて長崎にも原爆が投下されたのである。

この日の午前八時、ソ連の宣戦を知らされた東郷茂徳外相はポツダム宣言受諾を決意し、鈴木貫太郎首相の私邸を訪ねた。その東郷に、鈴木は言った。

「この内閣で結末をつけましょう」

本来ならソ連を仲介とする終戦工作が失敗したのだから、内閣の総辞職は当然なのだが、鈴木はそれを「結末」後、すなわち降伏後にすることをこの朝、決意したのである。

宮中でも木戸幸一内大臣からソ連参戦を伝えられた昭和天皇が、戦局収拾について「鈴木とよく話し合うように」と意志を伝えていた。そして午前一〇時三〇分過ぎから、宮中

最高戦争指導会議構成員会議の最中にもたらされた長崎への原爆投下情報。写真は米軍が撮影した爆撃ポイントを示す写真。

保科善四郎中将

で最高戦争指導会議構成員会議が開かれた。

この会議の冒頭、鈴木首相が唐突とも思える発言をした。

「ポツダム宣言を受諾せざるをえないと思う」

虚を突かれたように、一同の沈黙が続いた。このとき海軍省軍務局長で、米内光政海相の常時随員だった保科善四郎中将の回想記（『大東亜戦争秘史』）によれば、米内が発言した。

「黙っていてもしようがない。ポツダム宣言受諾ということが決まれば、無条件か条件付きかのいずれかだ……」

天皇が心配するように、戦争と空襲に追いつめられた国民は忍耐の限度を超えていた。写真は東京・浅草の本願寺に避難している空襲の罹災者。右は粗末な夕食をとる父子。上は水のような粥の炊き出し風景。

構成員会議は紛糾した。ポツダム宣言をそのまま受け入れるべきだという鈴木首相、東郷外相、米内海相に対し、阿南惟幾陸相、梅津美治郎参謀総長、豊田副武軍令部総長の三人は、受諾について四つの条件を出してきた。

①国体の護持、②保障占領（日本本土は占領しないこと。もし本土占領が行われるとしても、その地域はできるだけ少なくすること）、③軍隊の武装解除は日本の手で行うこと、④戦争犯罪者は日本側で処分すること、の四つだった。

会議は途中で中断したり、休憩したりして夜に入っていった。「長崎に原爆投下！」の情報がもたらされたのは、こうして議論が紛糾している午前一一時三〇分のことだった。

深夜の御前会議でついに「聖断」下る

ソ連参戦、長崎へ原爆投下と激しく揺れる戦局に、さまざまな人たちが「終戦」に動き始めた。皇族の高松宮や近衛文麿、元外相の重光葵といった人たちも動き始めた。いずれも天皇の「聖断」を仰ぎ、一挙にポツダム宣言受諾、終戦に持ち込もうというもので、木戸内大臣への働きかけを強めた。

すなわち、近衛と重光は話し合い、政府が軍の徹底抗戦論を退けることができない場合は、天皇の裁決を仰ぐ以外に方法はないということで一致した。そして重光は宮中に車を飛ばし、木戸に面会して説得につとめた。重光の著書『平和の探求』によれば、「木戸内府は不きげんであった」が、重光の説得は功を奏したらしいのだ。

この日の午後四時半から、木戸は天皇に拝謁し、三〇分以上にわたって「終戦」について話し合い、天皇は木戸に同意したと言われている。「天皇の意思」はただちに会議が休憩中の鈴木首相に伝えられ、八月九日のこの夜、午後一一時五〇分、最高戦争指導会議構成員による御前会議が宮中の防空壕で開かれた。

会議には六名のメンバーの他に、平沼騏一郎枢密院議長も呼ばれていた。ポツダム宣言の受諾は条約行為のため、枢密院の承認が必要になるからである。

会議は昼間と同じく東郷、米内、それに平沼の「終戦やむなき」派と、阿南、梅津、豊田の「本土決戦」派が対立したままだった。時刻は日付が変わって午前二時をさしている。鈴木首相が発言する。

「長時間にわたり審議されたが、ここに意見の一致を見るに至らざるははなはだ遺憾である。この事たるや誠に重大な事柄にして、意見の対立ある以上、聖断を仰ぐの外ない」

鈴木はそう言うと、起って天皇の前に進み出た。

「御聖断を仰ぎ、聖慮をもって会議の決定としたいと存じます」

天皇は鈴木に、席に帰るようにいい、

「それならば、自分の意見を言おう」

と身を乗り出した。会議にも出席していた保科中将のメモによれば、天皇は次のようなことを言われた。

「自分は連合国への回答については、外務大臣の意見に同意である。自分は皇室と人民と国土が残っておれば、国家生存の根基は残る。これ以上望みなき戦争を継続することは、元も子もなくなるおそれが多い。彼我の物力、内外諸般の情勢を勘案するに、我に勝算はない……」

そして、こう結んだ。

「この際、忍びがたいことも忍ばねばならぬ。自分は三国干渉のときの明治天皇を偲ぶ。自分はそれを思って戦争を終結することを決心したのである」

宮中の防空壕で開かれたポツダム会談受諾の御前会議。（白川一郎画）

昭和天皇は、目に浮かぶ涙を白手袋でぬぐい、言葉を閉じた。聖断は下された。八月十日午前二時三〇分だった。

ポツダム宣言受諾の電報は、ただちにスイスとスウェーデンの日本公使館を通じて連合国側に伝えられた。電報のポツダム宣言の条項中には「天皇の国家統治の大権を変更する要求を包含しておらざることの了解のもとに」という条件が付加されていた。

八月十二日午前三時、アメリカのバーンズ国務長官起草の連合国側の対日回答案を同盟通信社が受信した。日本の回答を認めるというものである。戦争は終わったのである。

占領下日本の出発　マッカーサーと降伏調印式

実は4日遅れだったマッカーサーの厚木到着

厚木に降り立った日本の新支配者

コーンパイプをくわえて厚木飛行場に着いたバターン号から降り立つマッカーサー元帥。

朝から空は澄みきり、快晴だった一九四五年（昭和二十）八月三十日、連合国軍最高司令官に任命されたダグラス・マッカーサー元帥が厚木に降り立った。

当初、マッカーサーは八月二十六日に日本への進駐を予定していたが、マニラで河辺虎四郎陸軍中将を全権代表とする停戦交渉代表団との打ち合わせの際に、日本側が「十日間の

右は厚木に降り立ち、待ちかまえていた記者たちの取材を受けるマッカーサー。マッカーサーの右にいるのがアイケルバーガー中将。左は、マッカーサーの宿舎になった横浜のホテル・ニューグランド。入口は空挺隊員に護衛されている。

猶予がなければ混乱なく整然と受け入れるのは困難」と主張したことで二十八日に延期され、さらに二十二日から二十三日にかけて東京を襲った台風によって飛行場が使えなくなったために、再び延期されて三十日になったのである。

午後二時五分、マッカーサーの愛機バターン号（C54輸送機）が厚木飛行場に着陸した。タラップが降ろされ、やがて日本でも知られるようになるトレードマークのコーンパイプをくわえたマッカーサーが降りてきた。予定より一時間早かった。出迎えたのは先遣隊として二日前に厚木に到着していた、第八軍司令官ロバート・L・アイケルバーガー中将（愛称ボブ）だった。

マッカーサーはアイケルバーガー中将と握手をすると、つぶやくようにいった。

「ボブ、メルボルンから東京までは遠い道のりだったな。だが、どうやらこれで道は終わりらしいぜ」

日本に歴史的な第一歩を記したマッカーサー一行は、日

右は日本占領の中枢となったGHQ（連合軍最高司令官総司令部）が置かれた、東京・日比谷の第一生命ビル。マッカーサーは在日中、印を押したように宿舎にしているアメリカ大使館と第一生命ビルを往復した。写真左は第一生命ビルを出るマッカーサー。毎日同じ時間であるため、退社時刻になると大勢の見物客が押し寄せた。

本側が用意した年代物のリンカーン・コンチネンタルに乗って横浜に向かった。行き先は宿舎のホテル・ニューグランドである。護衛の空挺隊員三〇〇〇名をはじめとする一行は、主に日本側が用意したおんぼろトラックを使ったが、故障する車輛が出たりして、厚木から横浜までの二四キロを二時間近くもかかった。

横浜に着いたマッカーサーが、最初に司令部を置いたのは横浜税関ビルだった。しかし九日後の九月八日、マッカーサーは東京に移り、本格的な占領統治と米軍の進駐を開始した。そして占領から二カ月足らずで、進駐した米軍は六〇万近くにもふくれあがった。

マッカーサーが日本統治の本拠地を、皇居に面した丸ノ内の第一生命ビルに定めたのは九月十七日である。当初は米太平洋陸軍総司令部という組織だけだったが、十月二日に連合軍最高司令官総司令部（GHQ／SCAP）が設置された。この総司令部に、マッカーサーは日本を離れるまでの六年間、宿舎にしていた赤坂の米大使館から定刻通りに往復し、日本統治の権力をふるうようになる。

戦艦「ミズーリ」甲板で行われた降伏調印式

話は前後するが、太平洋戦争の正式な終了を意味する日本降伏の調印式が行われたのは、マッカーサーがまだ横浜にいた九月二日のことだった。東京湾の横須賀沖に浮かぶ米太平洋艦隊旗艦の戦艦「ミズーリ」が会場となった。ちなみに「ミズーリ」という名前は米大統領トルーマンの出身州に由来している。

日本側は天皇の名代として重光葵外相と日本軍代表の梅津美治郎参謀総長を全権とする一名と、五名の通訳などからなる全権団が調印式に臨んだ。一行は駆逐艦「ランズダウン」に乗せられ、定刻の午前九時より少し前に「ミズーリ」に到着した。

午前九時四分、重光外相を皮切りに降伏文書への署名が始められた。続いて梅津参謀総長が署名し、三番目にマッカーサー、四番目に米太平洋艦隊司令長官チェスター・W・ニミッツ大将と続いた後に、各国代表の署名が行われた。

調印式が終了した午前九時二十分、開始当初は曇っていた空がいつの間にか明るくなっており、雲の切れ間からは光が差し始めていた。それを待っていたかのように四〇〇機のB29

降伏文書に署名するマッカーサー元帥。後に立っているのは、マッカーサーに招待されて調印式に出席したウェーンライト中将（右）とパーシバル中将。ウェーンライトは、日本軍のフィリピン攻略戦で降伏し、日本軍の捕虜になっていた。パーシバルはシンガポールで山下奉文大将に「イエスかノーか」と迫られ、降伏した英軍将軍。

と一五〇〇機の艦上機が飛来した。調印式の最後を締めくくる壮大な演出だった。

式の間、マッカーサーは演説などをとおして終始寛大な態度で臨んだ。調印式の報告を聞いた昭和天皇は、マッカーサーの寛大さに深く感動したと伝えられている。

アメリカはなぜ日本を間接統治にしたのか

こうして連合国による日本占領が開始されたのだが、実際は四九カ国からなる「連合国」が日本を統治したわけではなく、占領はアメリカ単独で行われた。

実は戦後の日本統治は米英中ソの四カ国で行うという案があったのだが、すでに東西冷戦の様相を濃くしつつあった終戦末期、共産主義国ソ連との共同統治にはトルーマン大統領もマッカーサーも反対だった。実際に日本と戦って降伏に追い込んだのはアメリカだったことと、東欧をソ連の勢力下に置いたこととを引き換えに、アメリカ単独での日本統治を押し切ったのだった。

また日本では、連合国の直接統治が行われているドイツと違って、マッカーサーの命令を日本政府が実行するという間接統治が採《と》られることになった。当初のアメリカの終戦計画では、戦後の日本統治は、間に日本政府を入れない直接統治にするはずだった。それが間接統治になった理由には、日本がポツダム宣言を受諾する際に「国体の護持」を条件とし、それに対して連合国も直接統治を否定するような解答をしたことにある。

そして最大の理由は、国体――いい換えれば天皇制を残して間接統治にしたほうが、日本占領を円滑に進められると判断したからだった。

降伏調印式で戦艦「ミズーリ」にやってきた日本代表。前列のシルクハット姿が日本国代表の重光葵外相。右は軍代表の梅津美治郎参謀総長。

あとがき

当事者能力に欠けていた日本の軍部

日本が太平洋戦争に突入したとき、実は日本の陸海軍には「戦争の将来をどうするのか?」という具体的戦略はないにひとしかった。すなわち、敵である米英蘭（アメリカ、イギリス、オランダ）をどのようにして撃滅し、勝利を勝ち取るのかという、いってみれば戦《いくさ》の基本の基本が決まっていなかった。いや、決めるノウ・ハウがなかったといってもいい。

開戦冒頭の真珠湾攻撃にしても、ただアメリカの太平洋艦隊を壊滅させることだけが目的の戦術的戦闘としかいえず、山本五十六連合艦隊司令長官の「米太平洋艦隊を一挙に葬って米国民の士気を喪失させる」などという願望は、戦略のうちには入らない。

真珠湾攻撃と同時に始められたマレー・シンガポール攻略、それに続くジャワ・スマトラ攻略戦は、当初の「油田と鉱物資源の確保」という二大目標を達成したことで、第一段作戦と称された戦いは成功したといえる。

問題は第二段作戦で、信じられないことではあるが、開戦前の日本政府と軍部には具体案がなかったのである。半年先の具体的な戦略・戦術もないまま大国・米英との戦争に突入したなどとは、とても信じられないことではあるが、事実である。

以後の大本営の戦争指導は、いってみれば敵の出方次第で決まる場当たり作戦の連続であった。

すなわち、ミッドウェー作戦やガダルカナルの攻防戦、はては戦争末期のマリアナ沖海戦からレイテ沖海戦にいたるまで、日本軍が行った主要戦闘の大半は、目前の敵を叩こうとする戦術的戦闘だけではなかったのか。

そこには何のための戦闘かという大きな戦略思想がなかったから、その作戦を認め、指導した大本営の高官たちには、戦闘に負けてもそれほどのショックはなかったに違いない。ましてや、国民を一歩一歩死地に追い込んでいるなどとは考えようともしていない。「次の作戦で勝てばいいいんだ」と、気軽に考え、行き当たりばったりの命令を出し続けたのである。

国家破産の寸前にあった終戦時の日本

一九四五年（昭和二十）七月二十六日にアメリカ、イギリス、中国が日本に降伏を勧告したポツダム宣言に対しても、日本政府と軍部の要人たちは、天皇制の存続と国体が護持されるのかどうかで紛糾を続けていた。梅津美治郎参謀総長ら陸軍高官たちの間には、

「徹底抗戦すべし！」

という強硬論だけが充満していた。

しかし、このときの大日本帝国は破産寸前で、戦うにも弾《たま》も飯《めし》もなかったのだ。日本列島の周囲は一万二〇五四個の機雷で封鎖され、南方や満州、中国、朝鮮などからの資源の補給ルートが遮断されてしまったため、軍需生産は急速に低下していた。

加えてB29による中小都市への空襲で、備蓄食料は焼かれ、肥料不足で作物は減産必至の状況にあった。栄養源を海に求めようとしても、船舶と漁師は徴用され、おまけに燃料の重油欠乏による漁区制限などで漁獲高も低下の道をたどっていた。もはや七三〇〇万の人口を擁する大日本帝国は、餓死寸前の状態だったのである。

この七三〇〇万人のうち一八〇万人はすでに戦火で死亡し、負傷者は何百万なのか統計すらも取れなかった。さらに八七五万四〇〇〇人以上の人たちが住む家を失っていた。

全国の都市における四四四万七二四一軒の住宅のうち、二二五万九八七九戸が爆撃され、あるいは焼失していた。そのほかに約六〇万戸が空襲による類焼を防ぐための防火地帯を作るために取り壊されていた。首都・東京を見ても、一六〇万戸のうち一〇六万六〇〇〇戸が焼かれ、瓦礫の街と化していた。

防空壕や地下道、あるいは橋の下などで寝起きしている国民の間に、厭戦気分と絶望感が広まっていくのは当然だった。おそらく軍の高官たちには、こうした国民の心情などはわかるはずもないから、ただ自らの身（軍隊組織）を守るためだけに「徹底抗戦」を叫び続けていたとしか思えない。

それら職業軍人たちが、ポツダム宣言受諾に反対した唯一ともいえる大義名分は、「天皇制存続」と「国体護持」である。しかし、その昭和天皇は、軍人たちよりもはるかに現状を客観的に認識していた。ポツダム宣言受諾を決定した最後の御前会議で、昭和天皇ははっきりと断言したという。

「自分はいかになろうとも、万民の生命を助けたい。この上、戦争を続けては結局、我が国がまったく焦土となり、万民にこれ以上苦悩をなめさせることは私としてはじつに忍び難い」

これが、いわゆる最後の御聖断といわれるもので、日本は三年八カ月におよんだ戦争に終止符を打つことができたのである。それにしても日本の国民にとって、あの太平洋戦争（大東亜戦争）とは、なんだったのだろうか……。

太平洋戦争研究会

日中戦争～太平洋戦争年表

1931	9・18	満州事変勃発（関東軍の謀略で行なった柳条湖の鉄道爆破を口実に）
1932	3・1	満州国建国を宣言
	5・15	五・一五事件（海軍青年将校らが犬養首相暗殺）
1933	1・30	ヒトラーが独首相に就任
	3・4	ルーズベルトが米大統領に就任（一期目）
	3・27	日本、国際連盟を脱退
	5・7	熱河作戦（日本軍が万里の長城を越えて河北省に侵攻）
1936	2・26	二・二六事件（陸軍青年将校らが軍・政府要人を襲撃殺害）
	11・25	日独防共協定調印
	12・12	西安事件（張学良がP介石を監禁、国共合作、すなわち国民党と共産党の協同による抗日戦を要請）
1937	7・7	盧溝橋事件（日中戦争始まる）
	12・13	日本軍、南京占領
1938	4・1	国家総動員法公布
	4・7～6月中旬	徐州～開封を占領
	10・27	武漢三鎮を占領
1939	2～3月	海南島を占領
	5・14	ノモンハン事件勃発
	7・26	米、日米通商航海条約の破棄通告（一九四〇・一失効）
	9・1	ドイツがポーランドに侵攻、第二次世界大戦始まる
1940	5・13～9・4	重慶など中国奥地航空爆撃（一〇一号作戦）
	9・23	北部仏印進駐
	9・27	日独伊三国同盟調印
1941	4・13	日ソ中立条約調印
	4・16	日米交渉始まる
	5～8月末	重慶など中国奥地空襲作戦
	6・22	ドイツのソ連侵攻開始
	7・28	南部仏印進駐
	8・1	アメリカ、対日石油輸出禁止
	10・18	東条英機内閣成立
	11・26	米政府、ハル・ノートを提示
	12・1	御前会議、対米英蘭開戦を決定
	12・8	真珠湾を奇襲、マレー半島に上陸（太平洋戦争始まる）
	12・10	マレー沖海戦
1942	1・2	マニラ占領
	2・15	シンガポール占領
	3・8	ラングーン占領
	3・9	ジャワのオランダ軍降伏
	4・18	ドゥリットル空襲
	5・7	フィリピンの米比軍降伏
	5・7～8	珊瑚海海戦、MO作戦失敗
	6・5	ミッドウェー海戦
	7・18	南海支隊、陸路でポートモレスビーをめざす
	8・7	米軍、ガダルカナルに上陸
	8・9	第一次ソロモン海戦
	8・21	一木支隊、ガダルカナル島飛行場奪還作戦に失敗し全滅
	8・24	第二次ソロモン海戦
	9・12～13	川口支隊、ガダルカナルで総攻撃失敗
	9・26	南海支隊、ポートモレスビー攻略を断念、撤退
	10・12	サボ島沖夜戦
	10・24～25	第二師団のガダルカナル総攻撃失敗
	10・26～27	南太平洋海戦
	11・12～14	第三次ソロモン海戦
	11・30	ルンガ沖海戦

1943	1月	東部ニューギニアのブナ、ギルワ地区全滅
	2・8	ガダルカナルから撤退完了
	3・3	ダンピール海峡の悲劇（ビスマルク海海戦）
	4月初旬	い号作戦
	4・18	山本五十六連合艦隊司令長官、撃墜死
	5・29	アッツ島守備隊玉砕
	6月	連合軍、ソロモン諸島と東部ニューギニアで攻勢開始
	9・30	御前会議、絶対国防圏を決定
	11・22	カイロ会談
	11・24〜25	マキン・タラワ島守備隊玉砕
1944	2・6	クェゼリン島守備隊玉砕
	3・8	インパール作戦開始
	3・31	古賀峯一連合艦隊司令長官が行方不明に、海軍乙事件
	4・17	大陸打通作戦（一号作戦）開始
	5・3	豊田副武、連合艦隊司令長官へ
	6・15	米軍、サイパン上陸
	6・16	B29日本初空襲（北九州）
	6・19	マリアナ沖海戦
	7・7	サイパン守備隊玉砕
	7・18	東条内閣総辞職
	7・22	小磯・米内内閣成立
	10・10	米、機動部隊が那覇を大空襲
	10・12〜16	台湾沖航空戦
	10・20	米軍、レイテ島上陸
	10・23〜26	レイテ沖海戦
	10・25	神風特別攻撃隊、初戦果（航空特攻始まる）
	11・7	米大統領ルーズベルト四選
	11・24	マリアナ諸島発のB29、東京初空襲
1945	1・9	米軍、ルソン島上陸
	3・3	米軍、マニラ解放
	3・10	東京大空襲
	3・17	硫黄島守備隊玉砕
	4・1	米軍、沖縄本島上陸、沖縄航空特攻始まる
	4・5	小磯・米内内閣総辞職
	4・7	鈴木貫太郎内閣成立、戦艦「大和」沈没
	5・8	ドイツ降伏
	6・8	御前会議、本土決戦方針を確認
	6・23	沖縄戦終わる
	7・26	ポツダム宣言
	8・6	広島に原爆投下
	8・8	ソ連、日本へ宣戦布告
	8・9	長崎へ原爆投下、ポツダム宣言受諾の聖断
	8・14	ポツダム宣言受諾の第二回目聖断
	8・15	正午　ポツダム宣言受諾の玉音放送（日本降伏）
	9・2	ミズーリ号上で降伏調印
	9・27	天皇、マッカーサー元帥を訪問
1946	1・1	天皇、自身の神格を否定（いわゆる人間宣言）
	5・3	極東国際軍事裁判（東京裁判）開始
1947	5・3	日本国憲法施行
1948	4・1	ソ連によるベルリン封鎖
	11・12	東京裁判、二五人に有罪判決（東条英機ら七人に死刑）
	12・23	東条英機らA級戦犯七人の死刑執行
1949	4・4	北大西洋条約機構（NATO）調印
1950	6・25	朝鮮戦争始まる
1951	4・11	トルーマン米大統領、連合国最高司令官マッカーサー元帥を罷免、後任にリッジウェー中将
	4・16	マッカーサー帰国
	9・8	サンフランシスコ平和条約調印（沖縄はアメリカの信託統治下へ）、日米安全保障条約調印
1952	4・28	対日平和条約、日米安全保障条約発効、GHQ廃止
1953	7・27	朝鮮休戦協定調印
1972	5・15	沖縄が日本復帰

●編著者紹介

太平洋戦争研究会

満州事変、日中戦争、太平洋戦争などに関する取材・執筆・編集グループ。同会の編著による主な出版物には、ビジネス社『満州帝国50の謎』をはじめ、河出書房新社の図説シリーズ「ふくろうの本」に『図説・太平洋戦争』『図説・満州帝国』『図説・東京裁判』などがあるほか、PHP文庫に『太平洋戦争がよくわかる事典』『日本海軍がよくわかる事典』、日本文芸社『面白いほどよくわかる太平洋戦争』などが多数ある。

真実の太平洋戦争史

2012年8月8日　　1刷発行

編著者　太平洋戦争研究会
発行者　唐津 隆
発行所　株式会社ビジネス社
〒162－0805　東京都新宿区矢来町114 神楽坂高橋ビル5階
電話　03（5227）1602（代表）　FAX　03（5227）1603
http://www.business-sha.co.jp

〈印刷・製本〉中央精版印刷株式会社
〈装丁〉澁川泰彦（フレッシュ・マップ・スタジオ）
〈本文DTP〉茂呂田剛（エムアンドケイ）
〈編集担当〉岩谷健一〈営業担当〉山口健志

ISBN978-4-8284-1673-1